**STOPP MIMIMI – Warum Aufgeben keine Option ist**

FLORIAN WILDGRUBER

# STOPP MIMIMI – Warum Aufgeben keine Option ist

Bibliografische Information der Deutschen Nationalbibliothek:
Die Deutsche Nationalbibliothek verzeichnet diese Publikation in der
Deutschen Nationalbibliografie; detaillierte bibliografische Daten sind im
Internet über http://dnb. dnb.de abrufbar.

Covergestaltung: Judith Uhlemann
Bildnachweise: Fotos von Florian Wildgruber auf Vorderseite: Stefan Brencher;
Foto Löwe: Shutterstock
Lektorat: Dorothee Köhler, Heide Liebmann
Satz, Herstellung und Verlag: BoD – Books on Demand, Norderstedt
ISBN: 978-3-7481-4908-8

# Inhalt

## Stimmen zu STOPP MIMIMI

*»Das Motivationsbuch des Jahres. Florian Wildgruber begeistert mit Inhalt und Wortwitz.«*
(Hartwig Thöne, SPORT 1)

*»Endlich mal kein Motivations- und Glücksblabla. Da schreibt einer aus Erfahrung, der wirklich noch nie aufgegeben hat.«*
(Thorsten Otto, Moderator und Träger des deutschen Radiopreises)

*»Ein faszinierendes Buch, das wachrüttelt, Mut macht und zeigt, dass Aufgeben keine Option ist, nie! Es gibt immer einen Weg, der am Gipfel ankommt!«*
(Thomas Huber, Extremkletterer und Weltrekordhalter)

*»Mit seinem neuen Buch macht Florian Wildgruber Mut, große Ziele zu erreichen. Er gehört zu den Lebenshilfe- und Motivationsautoren, die sehr gerne gelesen werden, weil sie aufgrund ihres Lebenswegs glaubwürdig sind. Mit viel Humor und packenden Geschichten nimmt er seine LeserInnen an die Hand, um ihre Willenskraft zu aktivieren und endlich da anzukommen, wo sie hinwollen. Prädikat: lesens- und empfehlenswert.«*
(Stéphane Etrillard, Business-Philosoph und Experte für persönliche Souveränität & Unternehmersouveränität)

*»Ein Buch wie ein Arschtritt: Florian Wildgruber macht Mut und Lust, endlich die Komfortzone zu verlassen.«*
(Andreas Beschorner – Stadtmagazin FINK)

*»Jeder Mensch – ungeachtet seiner Herkunft, Religion oder Hautfarbe – kann sich von diesem tollen Buch inspirieren lassen. Es spielt auch keine Rolle, wie Dein Ziel aussieht, denn Florian Wildgruber wird Dich auf jeden Fall mit genug Motivation versorgen!«*
(Sebastian Hackl, Fernsehmoderator)

*»Florian ist ein absoluter Kämpfer mit viel Herz und Verstand. Er zeigt sich auch in diesem Buch wieder von seiner besten Seite und lädt mit vielen span-*

*nenden Geschichten dazu ein, die eigenen Grenzen für den Preis der Freiheit zu überschreiten. Sehr motivierend und inspirierend!«*
(Volker Schenk, ehemaliger Footballprofi & Fernsehmoderator)

*»Durchhalten ist überlebenswichtig, denn nicht alles in unserem Leben wird immer perfekt laufen. Florian hat beim Aufnahmetest einer Spezialeinheit seine mentale Stärke nicht nur unter Beweis gestellt, sondern die wichtigsten Strategien, um niemals aufzugeben, in diesem Buch perfekt zusammengefasst.«*
(Michael Rüppel, Ausbilder im Höllencamp und Gründer von Krav Maga Street Defence)

*»Dieses Buch widme ich all den Menschen, die immer an mich geglaubt haben und es immer noch tun: meiner Familie, Freunden und Sponsoren. Menschen, die mir geholfen haben, der zu werden, der ich heute bin. Menschen, die mich inspirieren, das Beste aus meinen Möglichkeiten zu machen und niemals aufzugeben!«*

Florian Wildgruber – Freising, im Oktober 2018

# Vorwort 1 von Thorsten Otto

Das Beste zuerst: Wenn Du Florians Buch in der Hand hältst, dann hast Du den ersten Schritt schon gemacht auf dem Weg, Dich und damit Dein Leben zu verändern. Im Gegensatz zu vielen anderen Ratgebern und Motivationshilfen hat endlich mal jemand ein Buch geschrieben, der wirklich weiß, wovon er redet. Florian hat nicht nur bewiesen, dass man es trotz eines holprigen Starts ins Leben, körperlich gehandicapt gegen alle Wahrscheinlichkeit, zum Ironman bringen kann. Er hat sich in den letzten Jahren immer wieder neuen, zum Teil höllischen Herausforderungen gestellt und sich so immer wieder neu erfunden. Alles, was er dazu braucht: eine unbändige Lust aufs Leben, einen eisernen Willen und die tiefe Überzeugung, dass wir alle viel mehr schaffen können, als wir glauben.

Mir ist klar, dass das alles ein wenig nach Superheld klingt und vielleicht ist Florian ja sogar dem Marvel-Universum entstiegen, aber auf den nächsten knapp 100 Seiten zeigt er uns anschaulich Schritt für Schritt, wie auch wir Normalos, die wir oft den Kampf mit unserem inneren Schweinehund verloren haben, endlich als Sieger aus diesen Begegnungen hervorgehen können, und zwar ganz egal, wie groß die körperlichen oder mentalen Challenges sind, denen wir uns stellen wollen.

Normalerweise, würde man denken, kann ein 27-Jähriger doch noch keine Weisheit in sich tragen, die er an andere weitergeben kann. Aber Florian zeichnet eine außergewöhnliche Lebensklugheit aus, vielleicht gerade weil er, wie er selbst sagt, bei seiner Geburt ein Mängelexemplar war und sich vieles härter als andere erkämpfen musste. Dabei ist er kein verbissener Egozentriker, wie es sie unter Extremsportlern und Menschen, die Außergewöhnliches leisten, durchaus gibt. Ganz im Gegenteil: Florian wirkt sehr entspannt, fast schon gelassen, aber immer fokussiert – ein Mann, der sehr genau weiß, was er will und worüber er redet und schreibt.

Als ich ihn vor einem guten halben Jahr in meiner Radioshow »Mensch, Otto!« begrüßen durfte, fielen mir zuallererst seine Augen auf. Klar, er ist ein mitreißender Motivator, aber beeindruckt hat mich besonders das Strahlen dieser Augen. Ein Strahlen, das von ganz tief innen kommt, gespeist aus seiner Leidenschaft, das Leben anderer Menschen besser zu machen und dem Willen, uns allen zu zeigen, dass fast nichts unmöglich ist und Aufgeben niemals eine Option. In diesem Sinne: Stopp Mimimi!

# Vorwort 2 von Florian Wildgruber

Es ist Sommer 2016. Ein junger 24-jähriger Mann sitzt am Ufer eines kleinen Sees in der Nähe von Wiesbaden und wartet auf den Startschuss eines Triathlons. Es ist nicht irgendein Triathlon, sondern die Europameisterschaft auf der Ironman 70.3 Distanz. Die besten Athleten des Kontinents messen sich hier an diesem Tag auf einer Strecke von 1,9 km Schwimmen, 90 km Fahrradfahren und 21 km Laufen. Routiniert geht der junge Mann die letzten Schritte vor dem Start durch. Schwimmbrille zurechtrücken. Lachen. BAMMM! The race is on! Gut vier Stunden später ist alles vorbei. Mit einem breiten Grinsen und ausgebreiteten Armen läuft er als Erster über die Ziellinie. Er ist Europameister!

Keine zwei Monate später sitzt der junge Mann wieder am Ufer eines etwas größeren Sees, am Pazifik. Es ist Oktober 2016, Kailua Kona, Big Island auf Hawaii. In wenigen Minuten fällt der Startschuss zum vermutlich härtesten Eintagesrennen der Welt, dem Ironman Hawaii. 3,8 km Schwimmen im rauen Pazifik. 180 km Fahrradfahren durch die Lavahölle Hawaiis und am Ende noch ein Marathon von 42,195 km über den glühenden Asphalt. Routiniert geht er auch dieses Mal die letzten Schritte vor dem Start durch. Schwimmbrille zurechtrücken. Lachen. BAMMM! The race is on! Gut zehn Stunden später ist auch hier alles vorbei. Es sollte sein letztes Rennen als Hochleistungssportler sein.

Gut ein Jahr später, im November 2017, sitzt der junge Mann wieder da. Doch dieses Mal nicht an einem See oder Meer, sondern bei sich zu Hause am Schreibtisch. Es ist kurz vor 12 Uhr Mittag. Er geht noch einmal die letzten Schritte vor dem Start durch. Lachen. Dieses Mal ohne Schwimmbrille. BAMMM! The race is on. Wenige Stunden später ist alles vorbei. Sein erstes Buch hat es wenige Stunden nach der Veröffentlichung in die Bestseller-Listen geschafft.

Wieder vergehen rund 18 Monate. Es ist Juli 2018. Der junge Mann sitzt auf der Ladefläche eines Militär-LKWs. Auch hier geht er wieder die letzten Schritte vor dem Start durch. Lachen. Kleidung zurechtrücken. BAMMM! The race is on! Dieses Mal dauert es qualvolle 72 Stunden, bis es endlich vorbei ist. Er hat gerade die Höllenwoche, den Eignungstest einer Eliteeinheit, erfolgreich gemeistert. Ein ehemaliger Offizier hat diesen Test einmal als »das Härteste, was man einem Menschen in einer Bürokratie zumuten kann« bezeichnet.

Vielleicht denkst Du Dir jetzt gerade: Schön und gut, aber was hat das alles miteinander zu tun? Was ich Dir gerade erzählt habe, hätte eigentlich nie passieren dürfen. Für diesen jungen Mann war das einfach unmöglich. Er kam mit einer Hüftdysplasie, einem Beckenschiefstand, einem Klumpfuß, einem Schiefhals und einer halbseitigen Lähmung auf die Welt. Keiner wusste am Anfang, ob er jemals würde normal laufen können. Wenige Jahre später wurde ihm zudem aufgrund einer ADHS-Erkrankung eine Schulunfähigkeit bescheinigt.

Die spannendsten Fragen, die sich auch dieser junge Mann irgendwann einmal gestellt hat, sind: Was hat dazu geführt, dass Dinge möglich wurden, die von 99 Prozent der Beteiligten als unmöglich angesehen wurden? War es Glück? Was es Zufall? Oder gibt es vielleicht bestimmte Regeln oder Strategien, die sich auch auf andere übertragen lassen? Beileibe keine einfachen Fragen. Doch ich kann Dir verraten, wie ich an die Informationen dieses jungen Mannes gekommen bin: Es geht hier um meine eigene Geschichte.

Ich bin 27 Jahre alt. Und eigentlich überhaupt nicht in der Position, neunmalkluge Lebensweisheiten von mir zu geben und anderen zu erklären, wie Dinge zu funktionieren haben. Ganz im Gegenteil, denn ich habe mir selbst auch immer nur ungern etwas vorschreiben lassen. Aber wenn es etwas gab, was mich entscheidend vorangebracht hat, dann waren es Menschen, die mich inspiriert haben. Menschen, die mir Hoffnung gegeben haben, dass ich etwas aus meinem Leben machen kann, ganz gleich, was andere sagen. Und Menschen, die den Glauben in mir gestärkt haben, dass nichts und niemand zu klein oder unbedeutend ist, um wirklich etwas bewegen zu können.

Ich will und werde Dir mit diesem Buch nichts vorschreiben, zumal ich das ohnehin nicht kann. Vielmehr werde ich Dir Strategien mit auf den Weg geben, die mir persönlich geholfen haben. Ich werde über Dinge sprechen, die ich auf meiner bisherigen Reise gelernt habe. Die meisten davon durch eigene Erfahrung, einige andere habe ich quasi im Vorbeigehen gehört. Vieles davon wende ich immer noch an, und alles davon halte ich für wahr. Das ist also meine Wahrheit, aber das bedeutet nicht, dass diese Techniken oder Strategien mir gehören, denn man kann keine Wahrheit besitzen. Also betrachte meine Aussagen als Denkansätze, Inspirationen oder Beispiele. Sie sind dafür gedacht, dass Du sie auf Deine ganz eigene Weise übernehmen, teilen und anwenden kannst. Sie sind so niedergeschrieben, dass Du sie immer wieder nachschlagen kannst, wenn es erforderlich ist. Sie sollen Dir dabei helfen, die Herausforderungen unseres digitalen Zeitalters zu meistern, Hindernisse zu überwinden, nach Rückschlägen immer wieder aufzustehen, niemals aufzugeben, das Beste aus Dir und Deiner Zeit zu machen und am Ende dadurch die Welt ein klein wenig besser zu verlassen, als Du sie vorgefunden hast.

Dabei zählt nicht, ob Du je einen Triathlon gemacht oder den Aufnahmetest für eine Eliteeinheit absolviert hast. Es zählt weder Dein Geschlecht, Deine Hautfarbe, Deine Religionszugehörigkeit, Deine persönliche Orientierung, noch Dein sozialer Status. Unsere Herausforderungen in dieser Welt da draußen sind ähnlich, und die Strategien, diese Hürden zu überwinden und vorwärts zu kommen, gleichen sich ebenfalls. Ob Du Deinen Körper fitter oder Deinen Willen stärker machen, Deine persönlichen Stärken zum Strahlen bringen, im Job nach vorne gehen oder vielleicht sogar die Welt verändern möchtest, ob es Dir gerade gut geht oder ob Du harte Zeiten durchmachst – ich wünsche Dir mit meinem Buch schon jetzt eine Menge Freude und hoffe, dass ich Dich damit auch nur ansatzweise so inspirieren kann, wie andere es bei mir geschafft haben.

Stay strong and smile ☺
Dein Florian Wildgruber

# 1. Veränderung – Mach Dir Feuer unterm Arsch

*Zwei Nächte, drei Tage. 72 Stunden physische und psychische Grenzbelastung. Laufen bis zum körperlichen Zusammenbruch. Massiver Schlaf- und Essensentzug. So lässt sich die Höllenwoche, der Aufnahmetest einer Eliteeinheit, vermutlich in aller Kürze beschreiben. Für viele, vermutlich sogar für die meisten, stellt sich dabei vor allem eine einzige Frage: Warum zur Hölle tut man sich so etwas an? Warum geht man freiwillig in die »Hölle«?*

*Bevor wir zehn Freiwilligen uns diesen Qualen stellten, wurden wir gefragt, wieso wir denn glaubten, die richtigen für diese Challenge zu sein. Warum würden wir die Höllenwoche durchstehen?*

*Zugegeben, solche Kampfansagen zu geben, ist nicht wirklich mein Ding. Es kann in dieser Zeit so viel Unvorhergesehenes passieren, das man davor einfach nicht einplanen kann. Selbstbewusstsein ja. Aber eine große Klappe geht ja schnell auch nach hinten los. Da ich mich jetzt aber auch nicht hinstellen und irgendeine 0815-Antwort à la »Ich bin der Richtige für die Höllenwoche, weil ich immer an mich glaube« bringen wollte, kam mir eine andere, schon etwas ungewöhnliche Antwort in den Kopf. Sie wollten eine Kampfansage, also gut:*

*»Ein Ironman bin ich schon. Aber Eisen wird erst dadurch richtig hart, dass man es erhitzt – und genau deswegen bin ich der Richtige für die Höllenwoche. Ich hoffe, es wird heiß. Sehr heiß!« Was für eine prollige Ansage! Wir konnten uns alle das Lachen nicht verkneifen. Dabei war meine eigentliche Absicht nur, keine dieser langweiligen Antworten zu geben, die sie ohnehin schon 100 Mal gehört hatten. Gedanken über diese Aussage machte ich mir nicht wirklich, und schon gar nicht wollte ich damit angeben. Erst im Nachhinein wurde mir bewusst, wie gut diese Aussage tatsächlich die Frage beantwortet, warum ich mir so etwas überhaupt antue.*

## Erfolg auf die leichte Tour: ein Mythos

In der digitalen Welt von heute können wir die meisten Dinge sofort haben. Unser Alltag wird immer leichter und unbeschwerter. Leiden aufgrund von zu viel Anstrengung gibt es kaum noch. Doch in einer Welt, in der die Grundbedürfnisse wie Essen, Trinken, Schlafen und ein Dach über dem Kopf (für manche auch noch genügend Handyakku und WLAN) bereits zum größten Teil abgedeckt sind, steigen die Wachstumsbedürfnisse, wie Anerkennung, Wertschätzung und Selbstverwirklichung, immer weiter an die Oberfläche. Gleichzeitig nimmt die Anzahl der Menschen, die Extremsportarten betreiben, ob Triathlon, Ultraläufe oder Bergtouren, immer weiter zu. Gibt es da einen Zusammenhang? Und vor allem: Warum tun sich die Leute diese Qualen freiwillig an?

Viele Menschen erkennen, dass diese Grenzerfahrungen und auch die damit verbundenen Schmerzen dazu beitragen, ihre Wachstumsbedürfnisse zu befriedigen oder zumindest kurzfristig zu stillen: Anerkennung, Wertschätzung, Selbstverwirklichung. Sie erhalten dadurch Antworten auf die klassischen Fragen, auch wenn es manchen gar nicht wirklich bewusst ist: Wer bin ich? Was kann ich? Was will ich? Herauszufinden, wer man selbst ist, ist vermutlich eine der wenigen wirklich wichtigen Aufgaben im Leben. Das ist ein Prozess, der uns manchmal an den Rand des Wahnsinns bringt. Ein Prozess, der vermutlich auch das ganze Leben lang andauern wird. Ein Prozess, der viel Energie kostet und ein Prozess, den viele aufgeben, bevor sie zu einer zufriedenstellenden Antwort gekommen sind – weil sie nicht bereit sind, den Schmerz auf diesem Weg zu ertragen. Doch wenn man einmal durch diesen Prozess hindurch ist, wenn man einmal durch diese Tür gegangen ist, wartet auf der anderen Seite eine großartige Persönlichkeit!

Die Tatsache, dass ich ADHS habe, war in diversen Situationen in meinem Leben nicht wirklich förderlich, insbesondere, was die zwischenmenschliche Interaktion betraf. Mit einem kleinen Jungen, der immer auf 120 Prozent läuft und ständig seine eigenen und die Grenzen der Leute um sich herum auslotet, wollen nicht wirklich viele Menschen etwas zu tun haben. Dabei ging es gar nicht um wirklich schlimme Dinge, aber den meisten Menschen bin ich mit meiner Art einfach nur tierisch auf den Sack gegangen.

Was macht nun ein Kind, noch mehr als jeder Erwachsene, wenn es keine Anerkennung und Wertschätzung bekommt? Richtig: Es versucht, sich genau das zu beschaffen, und zwar um jeden Preis! Je weniger Aufmerksamkeit ich bekam, desto mehr führte ich mich auf. Je mehr ich mich aufführte, desto weniger Anerkennung bekam ich. Oft stellte ich Mitschüler vor anderen bloß, nur um selbst in den Mittelpunkt zu rücken. Nach außen hin war ich ein aufdringlicher, nerviger kleiner Junge, der scheinbar keine Manieren hatte, nach innen hin war ich ein kleines, ängstliches und unsicheres Kind, das sich schlicht und ergreifend nach Anerkennung und Wertschätzung sehnte. Je unsicherer ein Mensch ist, desto mehr projiziert er seine Unsicherheit auf andere. Er versucht, das eigene Licht größer zu machen, indem er das der anderen kleiner macht. Aber genau das wird *nie* funktionieren.

Zugegeben, ich wünschte mir oft nichts mehr, als ohne ADHS leben zu können. Natürlich lief das damals alles unterbewusst ab, aber dennoch kam mir oft genug der Gedanke »Was ist verdammt nochmal falsch mit dir?« Ich hatte selbst als Jugendlicher noch keinen blassen Schimmer davon, wer ich wirklich war. Erst als ich in Kontakt mit dem Leistungssport kam und somit auch mit Menschen, die mir körperlich alles abverlangten, kristallisierte sich langsam heraus, wer ich wirklich war. Ich fand Trainer, die mich einfach so annahmen, wie ich war. Obwohl ich sie regelmäßig aufgrund der Härte des Trainings verfluchte, spürte ich zum ersten Mal in meinem Leben, wie es sich anfühlt, wenn man eine Chance bekommt. Zum ersten Mal in meinem Leben spürte ich, wie es sich anfühlt, seiner wahren Identität näherzukommen. Dort konnte ich mir das, was ich sonst nie haben konnte, erarbeiten: Anerkennung, Wertschätzung und das Gefühl von Selbstwirksamkeit. So stellte ich nach und nach fest, was die einzige Möglichkeit war, herauszufinden, wer ich wirklich bin: mich durch den schlimmsten Schmerz zu treiben, der nur möglich war. Der Triathlon sollte dafür schon ein paar Jahre später die perfekten Voraussetzungen bieten.

## Entwicklung ist ein schmerzhafter Prozess

Sieben Jahre lang gab es großartige Siege, schmerzhafte Niederlagen, einzigartige Erlebnisse, qualvolle Trainingsstunden und unvergessliche Abenteuer. Dabei waren es immer die Grenzerfahrungen, die meine Persönlichkeit reifen ließen und mir zeigten, was wirklich möglich ist. Es waren die Niederlagen und Rückschläge, die mir offenbarten, wer ich wirklich bin. In diesem ganzen Prozess brachten mich vor allem die Erkenntnisse darüber, wer ich *nicht* bin, der Antwort auf die Frage »Wer bin ich?« näher.

Wir definieren uns gerne über die Dinge, die nach außen hin von uns zu sehen sind. Der Job, das Auto, der Partner, das Hobby. Aber das sind *nicht* die Sachen, die uns wirklich ausmachen. Was würde denn passieren, wenn man Dir alles wegnimmt, was Du besitzt? Wer bist Du dann in Deinem Kern? Ich habe 27 Jahre lang gebraucht, um herauszufinden, dass ich *nicht* der Triathlet bin. Ich bin *nicht* der Sportler. Ich bin *nicht* der Redner. Ich bin *nicht* der Autor. Vermutlich muss ich Dir nicht sagen, dass dieser Prozess niemals ganz abgeschlossen sein wird. Wir entdecken unser ganzes Leben lang immer wieder neue Seiten an uns, und das ist auch gut so. Dabei zu definieren, wer man *nicht* ist, ist der erste Schritt, um die eigene Identität auszuloten. Vielleicht sind es bestimmte Freunde, die nicht unbedingt dafür sorgen, dass Du der wirst, der Du sein könntest. Vielleicht ist es die Kneipe, in der Du viel zu oft versumpfst. Vielleicht ist es das Handy oder der Laptop, die Dich viel zu oft zu Hause halten, anstatt rauszugehen, die Welt zu entdecken und mit anderen Menschen in echten Kontakt zu treten. Vielleicht ist es das Essen, das Du isst, weil es im ersten Moment so gut schmeckt, aber dafür sorgt, dass Du dich am nächsten Tag fürchterlich fühlst. Diese Menschen, diese Orte, diese Sachen halten uns davon ab, unserer Persönlichkeit auf die Schliche zu kommen und der zu werden, der wir wirklich sein könnten.

Ich versuchte lange Zeit, allen Menschen zu gefallen. Ich wollte es jedem rechtmachen und nahm dabei immer wieder unterschiedliche Identitäten an. Doch irgendwann realisierte ich, dass es eine Person gibt, der ich einfach nichts vormachen kann – und das ist die Person im Spiegel. Mittlerweile kommuniziere ich klar und deutlich. Ich hasse es, irgendwelchen Trends hinterherzulaufen, nur weil es andere tun. Ich möchte von meinen Mitmenschen, egal ob privat oder beruflich, als der wahrgenommen werden, der ich wirklich bin. So trage ich beispielsweise bei Vorträgen, selbst zu den vornehmsten Anlässen, stets Laufschuhe. Zu Beginn der Veranstaltung werde ich meist darauf reduziert. Ich nehme die Blicke der anderen Menschen wahr und kann ihre Abneigung förmlich spüren. »Was will der Assi hier? Kann der sich nicht einmal ordentliche Schuhe leisten?« Aber spätestens nach dem Vortrag, wenn die Leute gesehen haben, wer ich wirklich bin, sind die Schuhe auf einmal absolut irrelevant. Einer meiner Mentoren gab mir diesbezüglich einmal einen sehr guten Ratschlag mit auf den Weg: »Flo, wenn die Krawatte und die Rolex das Einzige sind, was dich ausmacht, dann wird es ziemlich eng!«

Viele sagen, dass sich schon alles irgendwie ergeben wird. Man müsse einfach nur warten. Nichts wird sich ergeben! Gar nichts! Das sind lediglich die Worte einer verzweifelten Person, die aufgegeben hat, herauszufinden, wer sie wirklich ist. Und sollte tatsächlich einmal die Seele danach schreien, dann wird einfach die Lautstärke im Außen aufgedreht. Unsere nach außen orientierte Welt bietet dazu genügend Möglichkeiten: Man postet einen tollen Motivationsspruch auf Facebook, man besucht das zwanzigste Seminar, anstatt die Learnings aus dem letzten erst einmal umzusetzen, man liest sich jeden Tag die Motivationsstrategien von sogenannten Life-Coaches durch, anstatt das Leben selbst zu erleben, und wenn das alles nicht mehr hilft, dann erhöht man die »Lautstärke« im Außen einfach durch Alkohol oder sonstige Drogen.

Aber wenn Du Dir wirklich näherkommen möchtest und herausfinden willst, wer Du wirklich bist, dann solltest Du im ersten Schritt diese Ablenkungen im Außen abschalten. Dann erst kannst Du Dir im zweiten Schritt gezielte Fragen stellen: Was sind Deine Stärken? Was sind Deine Fähigkeiten? Was kannst Du besser als alle anderen? Womit kannst Du das Leben anderer ein Stück besser machen? Suche danach! Denn wenn Du nicht suchst, wirst Du auch nie etwas finden.

## Grenzerfahrungen öffnen neue Räume

In Zukunft werden durch die Digitalisierung sehr viele Berufe wegfallen und entsprechend viele Menschen mit ihrem bedingungslosen Grundeinkommen zu Hause herumsitzen und sich zu Tode langweilen. Auch die Menschen, die eine Arbeit haben, werden sich immer häufiger die Frage nach dem übergeordneten Sinn dahinter stellen. Vermutlich wird es eine der größten Herausforderungen unserer Zeit sein, Menschen den Zugang zu einem sinnerfüllten Leben zu ermöglichen, einem Leben mit Anerkennung, Wertschätzung und Selbstverwirklichung. Doch genau dafür braucht es eine gefestigte Persönlichkeit.

Wir alle sind mit dieser Fähigkeit auf die Welt gekommen, uns unsere Persönlichkeit durch Schmerz zu erarbeiten. Ein Kind will herausfinden, wer es ist, und auf dem Weg dorthin macht es eben viele schmerzvolle, aber wichtige Erfahrungen. Kinder suchen immer nach dem Geheimnis jenseits des Spiegels, egal wie viel Mühen, Schmerz und Leid das auch kosten mag. Wir Erwachsenen begnügen uns irgendwann mit unserer flachen Vordergründigkeit. Wir leben im 21. Jahrhundert. Zumindest hier bei uns geht es nicht mehr ums Überleben, sondern ums Leben. Es ist nicht nur eine Option, sondern unsere Pflicht, dass wir die adäquaten Verhaltensweisen erlernen, um das Beste aus unserer Zeit hier auf dem Mutterschiff Erde zu machen! Aber so lange das Schulsystem darauf baut, Kindern beizubringen, wie man stillsitzt und die Fresse hält, so lange werden die meisten Menschen da draußen herumlaufen und weder wissen, wer sie sind, noch, wie sie genau das herausfinden können oder wie sie ihre Zeit sinnerfüllt nutzen können.

Dieser Prozess wird viel Energie kosten und auch Schmerzen verursachen, aber hier schließt sich der Bogen wieder zu meiner Aussage am Beginn der Höllenwoche: Wir brauchen Hitze! In einem chemischen Prozess wird durch starkes Erhitzen von Eisen eine gezielte Veränderung seines Gefüges hervorgerufen, was die Widerstandsfähigkeit des Materials deutlich erhöht. Das bedeutet, die Mikrostruktur im Inneren richtet sich neu aus. Einen ähnlichen Prozess durchläuft auch der Mensch. Wir brauchen gezielte, der Hitze vergleichbare Grenzerfahrungen, die dazu führen, dass sich unsere

Mikrostruktur neu ausrichtet und die Persönlichkeit entsteht, die in uns steckt. Kurzum: Wir brauchen Feuer unterm Arsch, um zu erkennen, wer wir wirklich sind.

# Wenn Du...

**Deine Persönlichkeit
entwickeln möchtest,
dann mach Dir
Feuer unterm Arsch!**

# 2. Antrieb – Tauche mit dem Kopf voran unter

*Gleich am ersten Tag der Höllenwoche kam es zu einer Situation, in der ich beweisen musste, dass ich es schaffe, mich meiner Angst zu stellen. Wir waren bereits mehrere Stunden unter voller körperlicher Belastung: Liegestützen, Sprints mit Kameraden auf den Schultern, Kniebeugen. Die Ausbilder verlangten uns wirklich alles ab. Zu unser aller Verwunderung wurden nach und nach einzelne Personen von einem maskierten Ausbilder aus der Gruppe entfernt.* »Sie! Mitkommen!« *Einer nach dem anderen verließ den Übungsplatz, bis irgendwann nur noch der Ausbilder und ich dort standen. Er ließ noch ein wenig seinen Frust an mir aus, bevor dann auch ich von dem anderen Ausbilder mitgeschleift wurde. Wir liefen ein paar Meter bis zu einer Klippe, von der aus es etwa sechs Meter hinunter in einen See ging.* »Schuhe aus! Rein ins Wasser! Schwimmen Sie zu dieser Boje! Dort finden Sie einen Hinweis!«

*Tatsächlich überlegte ich nicht lange, sprang hinunter und schwamm samt Kleidung zu der circa 200 Meter entfernten Boje. Dort angekommen, suchte ich sofort die Boje nach Hinweisen ab. An der Wasseroberfläche konnte ich nichts finden, also suchte ich knapp unter der Wasseroberfläche weiter. Da ich mit meinem Puls nahe am Anschlag war, konnte ich aufgrund des Sauerstoffmangels nicht viel länger als drei bis fünf Sekunden unter Wasser bleiben, bevor ich wieder Luft holen musste. Doch wo ich auch suchte, ich konnte einfach keinen Hinweis finden. Ich hatte keinen blassen Schimmer, wonach und vor allem wo ich suchen sollte. Kurze Zeit später fuhr einer der Ausbilder auf einem Boot an mich heran und gab mir einen freundlichen Hinweis.* »Tauchen Sie endlich da unten rein!«

*Ich brauchte ein paar Sekunden, bis ich realisierte, was er von mir wollte. Und kaum hatte ich es begriffen, blieb mir vor Fassungslosigkeit fast die ohnehin kaum noch vorhandene Luft weg. Ich atmete zwei, drei Mal tief durch, bevor ich mit dem Kopf voran mitten auf dem See zwei bis drei Meter nach unten tauchte. Dort unten entdeckte ich eine Tauchglocke – einen zwei bis drei Meter langen Zylinder aus Plastik mit einem Durchmesser von ungefähr einem Meter.* »Fuck! Ich hoffe *nur, dass dort oben Luft ist, ansonsten habe ich ein echtes Problem«, konnte ich gerade noch so denken, bevor ich in den Zylinder tauchte. Um die Geschichte abzukürzen: Im oberen Teil der Tauchglocke befand sich ein kleiner Lufteinschluss – und besagter Hinweis, der mir den weiteren Weg wies. Glück gehabt!*

## Die wahre Bedeutung von Erfolg

Manchmal zwingt Dich das Leben, mit dem Kopf voran unterzutauchen, um zu prüfen, ob Du *wirklich* herausfinden willst, wo es weiter geht. Insofern war diese Situation nur eins von vielen Sinnbildern für mich. Ein Sinnbild für das, was mich wirklich antreibt. Für mich bedeutet Erfolg, an und über meine Grenzen zu gehen, um damit andere zu inspirieren und ihnen zu zeigen, dass sie viel mehr können, als sie glauben. Und deshalb gab es keinen Grund, nicht da runter zu tauchen. Schmerz und Unwohlsein sind für mich kein Grund aufzugeben.

Aber wenn man sich darüber nicht im Klaren ist, dann tut man sich so eine Quälerei niemals freiwillig an. Solche Herausforderungen zeigen Dir, was Erfolg wirklich für dich bedeutet – und mit Erfolg meine ich nicht dieses ausgelutschte Wort, das in jeder zweiten Facebook-Werbung zu finden ist. »Ich zeige Dir, wie Du erfolgreich wirst!« »Die 10 Schritte zum Erfolg,« »Die Gesetze der Erfolgreichen.« Das ist, gelinde gesagt, Bullshit! Denn die erste Frage sollte niemals lauten: »Wie werde ich erfolgreich?« Die erste und damit entscheidende Frage heißt: »Was *bedeutet* Erfolg für mich?«

In den letzten Jahren ist ein wahrer Wettlauf darum entstanden, erfolgreich zu werden beziehungsweise zu sein und das dann auch nach außen hin zu zeigen. Wir lernen schon von klein auf, dass Erfolg immer ganz bestimmten Regeln folgt. Wir lernen, dass es bestimmte Arten von Erfolg gibt, die für alle gleich gelten. Doch die wenigsten können Erfolg für sich wirklich definieren. Und weil uns das niemand zeigt, wir aber gleichzeitig von Natur aus nach Erfolg streben, docken wir natürlich an das Video von diesem Ich-zeig-

Dir-wie-Du-erfolgreich-wirst-Kasperl auf Facebook an. Bevor wir gar keine Orientierung haben, was unseren persönlichen Erfolg betrifft, orientieren wir uns lieber an dem, was uns von anderen vorgeschlagen wird und was alle anderen auch machen.

Doch was andere behaupten, ist längst nicht so wichtig wie das, was Du selbst möchtest. Das ist für jeden unterschiedlich. Ist es mehr Geld? Bitte, wenn es Dich antreibt. Vielleicht geht es Dir um eine gesunde Familie oder eine glückliche Beziehung. Vielleicht möchtest Du anderen helfen oder berühmt werden. Vielleicht hast Du das Bedürfnis, die Welt ein klein wenig besser zu verlassen, als Du sie vorgefunden hast. Um die für Dich passende Antwort zu finden, braucht es Situationen, die verdammt unangenehm sind. Situationen, die Dir zeigen, ob Du es wirklich ernst meinst, ganz gleich, wie groß Deine Angst davor ist. Was Du wirklich willst und was Dir wirklich wichtig ist, wirst Du niemals am Schreibtisch erfahren! Wenn Du einmal erkannt und verstanden hast, was Erfolg für Dich wirklich bedeutet, dann wirst Du alles tun, um dahin zu kommen und gegen alles kämpfen, was Dich davon abhalten möchte.

Die Geschichte liefert uns zahlreiche Negativbeispiele, was einzelne Menschen bewirken können, wenn ihnen bewusst ist, was Erfolg für sie bedeutet. Für Donald Trump bedeutet Erfolg Macht. Für den Drogenbaron Pablo Escobar war es Geld. Diese Menschen bekämpfen alles, was sich ihnen in den Weg stellt.

Doch es gibt auch die positiven Beispiele. Für Malala Yousafzai, die jüngste Friedensnobelpreisträgerin aller Zeiten, besteht Erfolg unter anderem darin, für die schulische Bildung der weiblichen Bevölkerung in Pakistan zu kämpfen. Für Martin Luther King bedeutete Erfolg, sich gegen Unterdrückung und soziale Ungerechtigkeit einzusetzen. Auch sie haben für die Dinge gekämpft oder tun es noch immer, die ihnen am Herzen liegen, und sogar den eigenen Tod dabei in Kauf genommen.

Das Leben wird Dich regelmäßig zwingen, mit dem Kopf voran abzutauchen. Du kannst es tun und den nächsten Hinweis bekommen, wo es weitergeht – oder Du kannst es lassen und zurück zum Ufer schwimmen, wo Du Dir den Kopf darüber zerbrechen wirst, was wohl gewesen wäre, wenn.

Die Situationen werden sich ändern, und vermutlich verändern sich im Laufe der Zeit auch Deine Antworten auf die Frage, was für Dich Erfolg bedeutet – und das ist auch ok so, denn das nennt man Entwicklung und Fortschritt. Aber mach Dir bitte eine Sache klar: Was auch immer Deine Antwort ist, wähle nichts, was Deine Seele, Deinen wahren Kern gefährdet. Setze Prioritäten, wer Du wirklich sein möchtest, und verbringe keine Zeit mit Dingen, die Deinem Wesen widersprechen.

# Wenn Du...

herausfinden möchtest,
was Erfolg für Dich
bedeutet, dann tauche
mit dem Kopf voran unter.

# 3.  Stärke – Zieh den Scheißreifen!

*Zu Beginn des zweiten Tages der Höllenwoche marschierten wir zu einem etwa fünf Minuten entfernten Ort, wo ein Zirkel aufgebaut war. Er bestand aus insgesamt drei Stationen. An der ersten Station musste man einen Sandsack mit Griffen vom Boden hochheben, auf die Schultern nehmen, eine Kniebeuge machen und wieder absetzen. Die zweite Übung bestand darin, ein Battle Rope, ein etwa fünfzehn Meter langes und sehr dickes Seil, das am Boden lag, mit den Händen immer wieder auf und ab zu schleudern, um es in eine wellenförmige Schwingung zu bringen. An der dritten und letzten Station lagen zwei etwa 100 Kilogramm schwere Traktorreifen auf dem Boden, an denen an jeder Seite ein Spanngurt befestigt war. Wir sollten den Gurt vorne am Körper um Brust und Schulter legen und den Reifen auf einer Straße mit zwei bis drei Prozent Steigung 60 bis 70 Meter nach oben und danach wieder nach unten ziehen. Eine Zirkelrunde war jeweils dann beendet, wenn die beiden Personen an der Reifenstation fertig waren.*

*Wir verteilten uns auf die drei Zirkel-Stationen, wobei zwei von uns bei den Seilen und den Reifen anfingen und ich alleine bei der Sandsackübung. Nach den ersten beiden Durchgängen war ich nun an der Reihe, den Traktorreifen auf dem leicht nassen Asphalt zu ziehen. Ich legte den Gurt um meine Schultern, hörte das Startzeichen und legte mein ganzes Gewicht nach vorne, um den Reifen in Bewegung zu versetzen. Ich drehte mich kurz um, weil ich dachte, dass die Ausbilder den Reifen noch festhielten, aber das war nicht der Fall. Der Reifen bewegte sich schlicht und ergreifend keinen Zentimeter von der Stelle.*

*Mein erster Gedanke war: »Das kann niemals funktionieren!« Ein Ausbilder stand neben mir und schrie mir ins Gesicht: »Hören Sie auf, sich selbst zu bemitleiden! Ziehen Sie endlich diesen Scheißreifen da hoch!« Meine anfängliche Annahme, dass das unmöglich funktionieren könnte, wandelte sich in ein fragendes »Wie kann es funktionieren?« Rein über mein Körpergewicht zu ziehen, konnte nicht klappen, da der Reifen wesentlich schwerer war als ich selbst. Also überlegte ich mir eine andere Technik. Welche Stärken hatte ich, die ich hier nun einsetzen konnte? Kraft in den Beinen und vor allem Ausdauer! Ich versuchte es mit vielen kleinen, aber zügigen Schritten. Ein kräftiger Ruck zu Beginn, um den Reifen zumindest in Bewegung zu bringen, und dann ging es los. Mit jedem Schritt legte ich zwar maximal zehn Zentimeter an Strecke zurück, aber der Reifen bewegte sich! Da ich bereits nach wenigen Metern nahe an meinem Maximalpuls war, richtete ich meinen Blick direkt nach unten auf meine Füße und sagte mir im Rhythmus meiner Schrittfrequenz die ganze Zeit: »Zieh! Zieh! Zieh! Zieh! Zieh!« Hin und wieder kam es vor, dass der Reifen durch einen auf der Straße liegenden Stein oder Ast abgebremst und zum Stehen gebracht wurde, aber es dauerte nicht lange, bis ich wieder in meinem Rhythmus lief. Am Wendepunkt umrundete ich den Pylonen und es ging zurück. Nach etwas über drei Minuten war ich wieder am Ausgangspunkt angekommen. Doppelt so schnell, wie die schnellste bis dahin gelaufene Zeit. Die Belohnung dafür, dass es so gut lief: gleich noch eine Runde.*

*Meine etwas eigenwillige Technik funktionierte immer besser. Auch wenn meine Oberschenkel die ganze Zeit kurz vor der Explosion standen, fand ich langsam Gefallen daran, vor allem deswegen, weil ich eine Möglichkeit gefunden hatte, meine Stärken an der richtigen Stelle einzusetzen.*

*Nachdem ich auch den zweiten Durchgang hinter mich gebracht hatte, mussten wir den Reifen nun zu zweit ziehen. Natürlich verteilte sich die Last jetzt auf zwei Schultern, aber auch hier waren mein Partner und ich nach wenigen Metern am Limit. Neben der muskulären Belastung schnitt zudem der etwa zwei Zentimeter schmale Gurt an unseren Schultern und Fingern tief in die Haut. Als ich bemerkte, dass wir immer langsamer wurden und mein Partner sehr mit sich zu kämpfen hatte, gab ich mein Bestes, meine noch verbleibende Energie dafür aufzuwenden, auch ihn weiter anzutreiben. »Gleich haben wir den Wendepunkt erreicht!« »Das ist richtig stark, was Du hier machst!« »Zieh weiter!« »Wir zeigen es ihnen!« »Nur noch ein paar Meter.« Natürlich löste sich dadurch der Widerstand des Reifens nicht in Luft auf, aber auf einmal schien es, als würden wir den Berg hoch- und runterfliegen. Die Oberschenkel brannten, der Gurt schnitt uns das Blut in den Armen ab, aber der Reifen flog dem Ziel förmlich entgegen!*

*Kurz bevor wir in die Höllenwoche gestartet waren, wurde jeder Teilnehmer nach seinen Stärken befragt. Ich hatte diese Frage folgendermaßen beantwortet:*

29

*»Meine Stärken sind erstens, dass ich gut darin bin, fast immer einen Weg zu finden, für Dinge zu kämpfen, die mir wichtig sind. Und zweitens: Ich bin gut darin, andere Menschen für Sachen zu begeistern und ihnen dabei zu helfen, das Beste aus sich herauszuholen.«* Diese beiden Stärken wurden mir mein gesamtes Leben lang von bestimmten Menschen immer wieder mit auf den Weg gegeben. Denn es geht nicht darum, der Beste zu sein, sondern darum, Dich mit Menschen zu umgeben, die Dir dabei helfen, das Beste aus Dir herauszuholen. Dass ich die schnellste Zeit bei dieser Challenge errungen hatte, war nicht so entscheidend. Viel wichtiger war, dass ich Wege gefunden hatte, meine Stärken an der richtigen Stelle einzusetzen und jemand anderen dabei zu unterstützen, das Beste aus sich herauszuholen.*

## Perfektion ist eine zerstörerische Illusion

Gerade in der heutigen digitalen Zeit, in der wir alles mit allem vergleichen können, einer Zeit, in der ein rasanter Fortschritt stattfindet und keiner zurückbleiben möchte, halten wir immer mehr und mehr an einer Perfektionskultur fest. Jedes Kind muss hochbegabt sein. Der Lebenslauf darf keine Lücken aufweisen. Alles muss genau und perfekt nach Plan laufen, damit man in der Welt von morgen überleben kann.

Doch diese Sichtweise ist nicht nur extrem beschränkt, sondern vor allem eine absolute Illusion. Eine Illusion, die uns kaputt macht, weil wir diesem Anspruch niemals gerecht werden können. Jeden Tag bleiben Tausende Kinder auf der Strecke, weil man ihnen zu verstehen gibt, dass sie nicht ins System passen. Weil man ihnen sagt, was sie alles *nicht* können. Anstatt ihnen ihre individuellen Stärken zu zeigen, presst man alle durch das gleiche Raster und wundert sich dann, wieso bestimmte »Teile« dabei kaputtgehen. Es geht in diesem Systemprozess nicht darum, eine starke, selbstbewusste Persönlichkeit reifen zu lassen, sondern darum, ein gesellschaftsfähiges Objekt zu kreieren, das die vom System geforderten Ansprüche erfüllt. Die individuellen Stärken, die übrigens jeder (!) Mensch besitzt, werden weder gesehen noch gefördert. Bestimmte Fähigkeiten werden als wertvoll, andere als nutzlos abgestempelt. Aber wenn jemand gut darin ist, andere Menschen zum Lachen zu bringen, dann ist das wertvoll. Wenn jemand gut darin ist, handwerklich etwas herzustellen, dann ist das auch wertvoll. Und wenn jemand gut darin ist, kranke Menschen wieder gesund zu machen, dann ist auch das wertvoll. Wir werden darauf programmiert, vor allem an unseren Schwächen zu arbeiten – wie auch ich lange Zeit. Doch das ist das Dümmste, was man tun kann. Psychologisch gesehen, ist es wesentlich effektiver, seine Stärken zu stärken, statt ewig an seinen Schwächen herumzudoktern.

Obwohl vielen Menschen inzwischen auffällt, dass der Leistungswahn vor allem in den letzten Jahren viele Opfer gefordert hat und übrigens noch immer fordert, haben sie (noch) keine adäquaten Gegenmaßnahmen parat. Die Technologien werden immer besser und die Menschen immer kaputter. Wir sind, vor allem in Deutschland, gerade dabei, mit unserer festgefahrenen und sturen Denkweise mit Vollgas gegen die Wand zu fahren – und die Wand ist quasi schon direkt vor unseren Augen.

Natürlich sollen wir technologisch nicht wieder in die Steinzeit zurückkehren. Aber wir müssen langsam Strategien entwickeln, mit den neuen Technologien so umzugehen, dass der Mensch dabei nicht kaputtgeht. In einer Zeit, in der die Grundbedürfnisse längst gestillt, der Hunger nach Wachstum jedoch riesig ist, müssen wir Menschen nicht als Objekt, sondern als Individuum sehen und fördern.

## Vom Opfer zum Macher werden

Bei meiner Arbeit im Rahmen der Projekte des SV ZUKUNFT arbeite ich mit Kindern und Jugendlichen aus teilweise sehr schwierigen sozialen Verhältnissen zusammen. Die meisten von ihnen sind nicht hochbegabt. Sie sind in der Regel auch weit entfernt von perfekt. Viele hatten in ihrem bisherigen, noch jungen Leben einfach nur Pech! Kein Sechser im Lotto bei der Vergabe der Gene, schwierige oder suchtkranke Eltern, eine Familie, die sich einen Scheiß für sie interessiert, Misshandlungen durch andere Personen. Für die meisten dieser Dinge können diese Kinder und Jugendlichen absolut nichts! Aber ich erlebe dort junge Menschen, die auf andere Weise toll sind. Ich erlebe dort Jugendliche, die sich trotz all dieser beschissenen Umstände nicht als Opfer, sondern als Macher ihrer Zukunft sehen. Erst wenn dieser Schritt im Kopf vollzogen ist, hat man die Möglichkeit, etwas zu verändern. Als Opfer hingegen wird man immer in einer passiven Haltung bleiben.

Jetzt könnte man sagen, dass es ziemlich unfair ist, dass manchen Kindern Puderzucker in den Popo geblasen wird, während andere die ganze Brutalität des Lebens zu spüren bekommen. Das stimmt! Es ist nicht fair, dass Kinder so etwas erleben müssen. Es ist nicht fair, dass man für seine Mühen oft nicht belohnt wird, wohingegen anderen scheinbar alles in den Schoß fällt. Es ist nicht fair, wenn man die hundertste Bewerbung geschrieben hat und trotzdem wieder eine Absage bekommt. Und nein, es ist auch nicht fair, wenn ein junger Mensch bei einem unverschuldeten Unfall mitten aus dem Leben gerissen wird, während manche Schwerstverbrecher bis ins hohe Alter ein schönes Dasein auf der Erde genießen können.

Und das ist tatsächlich die Quintessenz, die ich aus meinem bisherigen Leben ziehen konnte, ob im Sport oder abseits davon, ob bei mir selbst oder auch bei Menschen, die es noch wesentlich härter getroffen hat: Das Leben ist nicht fair! Das war es noch nie, das ist es jetzt nicht, das wird es nie sein. Doch die Frage ist nicht, ob es fair ist oder nicht, sondern ob Du bereit bist, für das zu kämpfen, was Dir wichtig ist, egal wie die Umstände auch immer sein mögen. Die Frage ist, ob Du vom Opfer zum Macher wirst.

Das Schlimmste, was man diesen Kindern und Jugendlichen, mit denen wir zusammenarbeiten, übrigens antun könnte, ist, sie durch ein Raster zu pressen. Auch sie haben Stärken, aber sie hatten in ihrem bisherigen Leben leider nie jemanden, der diese in ihnen zum Strahlen gebracht hätte. Alles, was sie brauchen, sind Menschen, die sich auf Augenhöhe begeben, um herauszufinden, was diese Augen zum Strahlen bringt. Sie brauchen jemanden, der ihnen zeigt, was sie draufhaben, denn was sie nicht draufhaben, bekommen sie ohnehin den ganzen Tag eingetrichtert. Und sie brauchen Menschen, die an sie glauben, denn wenn das keiner tut, dann tun sie es selbst irgendwann auch nicht mehr.

Dass bei mir heutzutage ein paar Dinge einigermaßen funktionieren, habe ich nicht irgendeiner besonderen Begabung zu verdanken – ganz im Gegenteil halte ich mich für durchschnittlich begabt und ebenso durchschnittlich intelligent –, sondern in erster Linie Menschen, die sich die Mühe gemacht haben, mir zu zeigen, dass man nicht perfekt sein muss, um in ein gelingendes Leben zu starten. Vielmehr sind es sogar die Dinge, die nicht perfekt laufen, die eine Persönlichkeit wachsen und reifen lassen.

Vor einiger Zeit stellte mir ein Zuhörer nach einem meiner Vorträge folgende Frage: »Florian, würdest Du Dein Leben nochmal neu anfangen und es anders leben wollen, wenn Du sicher sein könntest, dass manche Dinge, die nicht gut gelaufen sind, nicht mehr passieren würden?« »Nein«, war meine Antwort. Ich habe ganz bewusst so kurz auf seine Frage reagiert, weil ich mir sicher war, dass er noch einmal nachhaken würde. »Wieso denn das? Es waren doch eine Menge Sachen dabei, die alles andere als schön, angenehm und perfekt waren? Momente, die Dich haben leiden lassen.« »Richtig, ich bin bisher durch eine Menge Scheiße in meinem Leben gegangen. Aber eben genau das hat mich zu dem Menschen gemacht, der ich heute bin. Diese vielen Hürden und die nicht wirklich guten Ausgangsvoraussetzungen waren meine Lehrmeister im Hinblick auf meine Persönlichkeitsentwicklung.«

Ich möchte an dieser Stelle deutlich sagen, dass es viele Menschen auf dieser Welt gibt, die definitiv wesentlich schlechtere Ausgangsvoraussetzungen mitbringen als ich. Menschen mit gravierenden körperlichen oder auch geistigen Behinderungen, Menschen aus katastrophalen sozialen Verhältnissen, Menschen, bei denen ich mir denke: »Keine Ahnung, ob ich es je schaffen würde, unter diesen Umständen in eine vernünftige Lebensspur zu kommen.« Aber ich durfte in meinem bisherigen Leben viele solcher Menschen treffen, denen genau das gelungen ist. Deshalb bin ich zu der festen Überzeugung gelangt, dass erstens jeder Mensch Stärken hat, die ihn einzigartig machen – vorausgesetzt, er bekommt die Chance, diese zu entwickeln –, und zweitens, dass jeder, wenn er nur den richtigen Antrieb findet, über sich hinauswachsen kann.

Wer bist Du? Was kannst Du besser als alle anderen? Wer kann Dir dabei helfen, der zu werden, der Du sein könntest? Stell Dir diese Fragen immer und immer wieder. Gib Gas und lauf los! Das Rennen läuft bereits! Hör auf, Dich wie viele andere über die »Spielregeln« zu beklagen. Go for it!

# Wenn Du...

### Deine Stärken nutzen möchtest, dann zieh den Scheißreifen!

# 4. Entscheidung – Verpiss Dich vom Flur

*Nachdem wir am Ende des ersten Tages vollkommen erschöpft und müde im Waldlager angekommen waren, versuchten wir zunächst einmal, unsere nasse Kleidung am Feuer zu trocknen und für ein paar Minuten Schlaf zu finden. Durch den anhaltenden Regen wurde die Kleidung nicht ganz trocken, und da wir weder Wäsche zum Wechseln noch einen Schlafsack hatten und das Zelt den Regen nicht abhalten konnte, wurde aus dem eigentlich dringend notwendigen Schlaf leider nichts. Die Nässe in Verbindung mit der Kälte war kaum zu ertragen, sodass ich etwa eine Stunde, nachdem ich mich hingelegt hatte, das Zelt wieder verließ.*

*Es dauerte keine zwei Stunden, bis alle Teilnehmer mit klappernden Zähnen und nasser Kleidung um das kleine Lagerfeuer herumsaßen. Es musste etwa zwei Uhr nachts gewesen sein, das Zeitgefühl hatten wir mittlerweile alle verloren, als ich mir aus dem Zelt meine Trinkflasche holen wollte. In einiger Entfernung sah ich auf einmal ein kleines grünes Licht im Wald, das immer heller und heller wurde. BAAAAAAAMMM! Ein ohrenbetäubender Knall durchfuhr meinen Körper. Die Druckwelle fühlte sich an, als würde mir jemand mit der flachen Hand auf die Brust schlagen. Der Lichtblitz sorgte dafür, dass ich für einen Moment vollkommen blind war. Total orientierungslos und wie in Schockstarre spürte ich das Wasser, das durch die Druckwelle von den nassen Bäumen auf uns herabtropfte. Mit einem Pfeifen in den Ohren stand ich regungslos dort neben den anderen im Wald. Was war passiert?*

*Die Ausbilder hatten in 200 Meter Entfernung eine zwei Kilogramm schwere Sprengladung gezündet, mit der sie uns aus der Nachtruhe rissen. Keine 30 Sekunden später stürmten drei teilweise maskierte Männer laut schreiend unser Lager. Sie blendeten uns mit grellen Taschenlampen, sodass wir kaum erkennen konnten, um wen es sich wirklich handelte. Mitkommen sollten wir, und zwar sofort. Schlaftrunken und vollkommen übermüdet zogen wir uns die nötigsten Sachen an, bevor wir im Eilschritt durch den Wald liefen. Ein paar Minuten später näherten wir uns einem Gebäude, aus dem schrille Töne und grelles*

*Blitzlicht drangen. Obwohl wir vor Beginn des Camps wenig darüber erfahren hatten, ahnte ich, was nun auf uns zukommen sollte.*

*In diesem kleinen Betonbunker, etwa fünf auf fünf Meter groß, erwartete uns eine gespielte Geiselnahme. Das Wort »gespielt« trifft es allerdings eher nicht, denn nach Stunden harter körperlicher Belastung, in vollkommener Übermüdung und unter massivem psychischem Stress verschwimmen Spiel und Realität ziemlich schnell.*

*Kurz bevor wir die Tür des Panikraumes erreichten, versuchte ich mich mental bereits auf die nun anstehende psychische Belastung einzustellen. Ich wusste, dass viele, die diese Höllenwoche bereits absolviert hatten, die Gefangennahme zu einer der schlimmsten Erfahrungen zählten. Selbstsicher und voller Überzeugung, dass ich diese Aufgabe meistern würde, ging ich durch diese Tür. Kein Zögern, kein Warten, kein Zweifeln. »Geh einfach rein und ertrage es«, sagte ich mir. Unter ohrenbetäubendem Lärm – lautes Pfeifen, Kinder- und Frauengeschrei, Psychoweihnachtslieder vom Band – verharrten wir dort in den verschiedensten Stresspositionen. Zur körperlichen Erschöpfung und der optischen und visuellen Reizüberflutung gesellte sich ein zusätzlicher Stressfaktor: Keiner wusste, wie lange das Ganze wirklich dauern würde – ob fünf Minuten oder fünf Stunden.*

*Für mich wurde genau diese Erfahrung zu einem festen Anker für alle weiteren Herausforderungen, die da noch auf uns zukommen sollten. Wir wussten nie, was uns erwartet. Wir wussten nie, ob wir fünf Minuten oder fünf Stunden leiden würden. Alles, was wir wussten, war, dass wir leiden würden. Einige aus der Gruppe zerbrachen sich ständig den Kopf darüber, was wohl kommen würde, wie lange es dauern und ob sie es schaffen würden. Ich bin fest davon überzeugt, dass eben diese Gedanken, dieses Zweifeln, was auf der anderen Seite der Tür auf einen wartet, dazu geführt haben, dass diese Personen vorzeitig ausgestiegen sind. Klar kamen mir diese Gedanken auch immer wieder einmal in den Kopf. Aber für mich gab es darauf nur eine Antwort: Stell Dich Deiner Angst und geh mit voller Entschlossenheit durch diese Tür!*

## Die Qual der Wahl reloaded

Wir leben vermutlich in der besten Zeit, die es je in der Menschheitsgeschichte gegeben hat. Wir können (fast) tun und lassen, was wir möchten. Wir können (fast) alles haben, was wir wollen. Wir haben den Luxus, nicht mehr nur ums Überleben kämpfen zu müssen, sondern leben zu dürfen. Alle Türen der Welt stehen uns offen, und die Möglichkeiten sind nahezu unbegrenzt. Wir würden gerne einen Blick durch jede Tür werfen, denn vielleicht verpassen wir dort ja etwas. Aber entschlossen hineinzugehen und zu sehen, was sich wirklich darin verbirgt, wollen wir letztlich nicht – denn vielleicht wartet dort auch etwas Unangenehmes auf uns.

Wir sehen auf diese Weise zwar nicht, was sich wirklich in dem Raum befindet, aber zumindest halten wir uns die Option offen, einen Rückzieher machen zu können, falls es doch nicht so toll ist. Doch eines ist klar: Wer sich ständig alle Türen offenhält, wird sein Leben auf dem Flur verbringen. Und dort findet garantiert niemals Entwicklung statt.

Zu viele Optionen erschlagen uns, wir zögern die Entscheidung hinaus und sind danach dennoch nicht glücklicher mit der getroffenen Wahl. Zum einen wollen wir Verluste vermeiden und uns sicher fühlen. Zum anderen wollen wir uns unsere Wünsche erfüllen, besser werden und uns entwickeln. Diese Optionenparalyse erleben wir umso intensiver, je wichtiger uns eine Entscheidung ist. Vielleicht gibt es einen noch besseren Job. Vielleicht gibt es ein noch besseres Hobby. Und ja, vielleicht gibt es einen noch besseren Partner. Zu viele Optionen machen uns zu Tyrannen. Zwar vermeiden wir auf diese Weise mit Sicherheit größere Risiken, aber damit riskieren wir ganz sicher, niemals wirklich zu leben, zu lieben und uns zu entwickeln. Zu viele Optionen machen unser Leben zu einem einzigen Konjunktiv, und all das Hätte, Wäre, Könnte hindert uns, zu der Person zu werden, die wir wirklich sein könnten.

Befreie Dich von den Millionen Optionen, die Dich erdrücken. Befreie Dich ganz bewusst vom Überfluss. Überwinde Deine Angst, indem Du durch sie hindurchgehst. Verringere Deine Optionen, und auf einmal wird sich dann, scheinbar ganz zufällig, das zeigen, was Dir wirklich wichtig ist. Ja, es wird Türen geben, bei denen Du Dir denkst: »Hätte ich sie bloß nicht aufgemacht.« Aber wer weiß, vielleicht ist es ja nur ein hässliches Vorzimmer, das Du durchqueren musst. Eines ist jedoch sicher: Egal, durch welche Tür Du gehst: Wenn Du es mit voller Entschlossenheit tust, wirst Du Dir nie etwas vorwerfen und bedauern müssen!

**"**

# Wenn Du...

klare Entscheidungen
treffen willst, dann
verpiss Dich vom Flur!

**"**

# 5. Prioritäten – Trockne zuerst Deine Schuhe

*Es war 18 Uhr. Der zweite Tag im Höllencamp näherte sich dem Ende. Die körperlichen Belastungen in Verbindung mit dem massiven Schlaf- und Essensentzug hatten uns allen massiv zugesetzt. Nachdem wir gerade mit der kompletten Ausrüstung durch ein Gewässer geschwommen waren, um dann auf der anderen Seite wieder herauszuklettern, führte uns der Ausbilder zurück zum Lager. Und wie jedes Mal, wenn wir uns dem Lager näherten, stellte sich ein wohliges Gefühl ein – denn das bedeutete, dass wir Zeit zum Ausruhen bekamen.*

*Nach ein paar Minuten Fußmarsch durch den Wald erreichten unser Lager, wo sich der Ausbilder wie gewohnt mit den Worten verabschiedete: »Nutzen Sie Ihre Zeit.« Nutzen Sie Ihre Zeit. Ein ziemlich banaler Satz, den wir am Anfang noch nicht ganz verstanden, geschweige denn umgesetzt hatten. Meist waren wir nach der Ankunft im Lager noch sehr unstrukturiert. Wir sprachen über verschiedene belanglose Themen, machten mal dies, mal jenes, setzten dabei aber nie wirklich Prioritäten.*

*Mittlerweile wussten die vier Leute, die noch übriggeblieben waren, jedoch, dass dieser Satz eine viel tiefere Bedeutung hatte, als wir anfangs gedacht hatten. Noch viel wichtiger: Wir wussten mittlerweile auch, was wir zu tun hatten. »Nutzen Sie Ihre Zeit« konnte nämlich entweder bedeuten, dass wir in zehn Minuten wieder abgeholt würden oder dass wir uns nun fünf Stunden lang ausruhen konnten. So kam es, dass wir anfingen, ganz klare Prioritäten zu setzen, und das aus gutem Grund: Wenn man die Höllenwoche durchstehen wollte, dann musste man unter anderem darauf achten, die wirklich wichtigen Dinge zuerst zu erledigen. Dazu gehörte zum Beispiel Folgendes:*

*1. Kleidung und Schuhe trocknen: Sobald die Sonne verschwindet, wird es auch im Sommer schnell kalt, vor allem dann, wenn man in nasser Kleidung steckt. Da wir den ganzen Tag in unseren Schuhen herumliefen, waren nasse*

*Socken beziehungsweise nasse Schuhe absolutes Gift. Die Haut weicht auf, es entstehen Blasen und dann ist es schneller vorbei, als man denkt.*

2. *Essen und Trinken: Je schneller dem Körper Nährstoffe und Flüssigkeit zugeführt werden, desto besser erholt er sich. Insbesondere das Trinken war bei dieser extremen Belastung und einem Flüssigkeitsverlust von sechs bis acht Litern pro Tag elementar.*

3. *Schlafen: Jede Minute Schlaf hilft dem Körper dabei, die körperliche Anstrengung zu verarbeiten und sich zu regenerieren. Je größer das Schlafdefizit, desto größer der Leistungsabfall über die Tage.*

*Exakt in dieser Reihenfolge priorisierten wir die Dinge! Schuhe und Kleidung trocknen, Trinken, Essen, Schlafen. Eine weitere Nacht mit wenig Schlaf wäre zu verkraften gewesen. Aber weitere Aufgaben in der Nacht mit nassen Klamotten und ohne zu trinken hätten das sichere Aus bedeutet. An Schlafen war ohnehin nicht zu denken, wenn wir davor nicht unsere Schuhe und Kleidung getrocknet hatten. Es gab weder Schlafsack noch Decken, sodass wir meistens in der gesamten Montur schlafen mussten. Mit nasser Kleidung und Schuhen hätten wir bei diesen Temperaturen kein Auge zugemacht.*

*Anfangs kam es tatsächlich hin und wieder vor, dass wichtige Dinge nicht erledigt waren, als wir wieder abgeholt wurden. Doch schon recht bald war uns klar, dass es jeden Moment weitergehen konnte, und wenn wir dann die wichtigen Dinge nicht erledigt hatten, dann war es unser Pech. Kein »Ich würde gerne noch meine Kleidung trocknen.« Kein »Ich würde gerne noch ein paar Bissen essen.« Wir wussten nicht, wann, wo oder wie. Wir wussten nur, dass es irgendwann so weit sein würde und dass wir besser die wichtigen Dinge erledigt haben sollten. Deswegen galt die Regel: Die wichtigen Dinge zuerst!*

## Lebensqualität vor Lebensdauer

Im Vergleich zur Höllenwoche haben wir in unserem Alltag selten jemanden, der uns ständig darauf hinweist: »Nutze Deine Zeit.« Selbst wenn, verpuffen diese Worte sehr schnell, weil wir glauben, dass wir ohnehin noch genügend Zeit haben, um alles zu erledigen. Das gilt für den Job, für unsere Hobbys und ja, auch für unsere Beziehungen. Wie oft sagen wir: »Ich habe keine Zeit.« Bullshit! Wir haben Zeit. Jeder hat 24 Stunden am Tag. Du hast lediglich andere Prioritäten, aber niemals keine Zeit. Würdest Du bei der Beerdigung Deiner Mutter auch sagen, dass Du keine Zeit hast? Nein, denn auf einmal ist die Priorität da. Das Problem ist nur, dass wir unsere Zeit meist erst dann zu schätzen lernen, wenn uns bewusst wird, dass es jederzeit vorbei sein kann. Und sollte das der Fall sein, hoffentlich später als früher, dann wünsche ich Dir, dass Du die wirklich wichtigen Dinge erledigt hast.

In einer Welt, in der wir aufgrund der Medien ständig up-to-date sind, lässt man sich nur zu gerne ablenken. Ob es die Fernseh-News, die Whats-App-Nachrichten oder die Social-Media-Kanäle sind – wir wollen nichts verpassen. So stolpern wir vom einem zum anderen, nur um dann Stunden später festzustellen, dass eigentlich absolut nichts Wichtiges dabei war. Unsere Neugierde macht es uns nicht leicht, nein zu sagen. Prinzipiell ist gegen Neugierde auch nichts einzuwenden, aber oft schlägt sie in Ablenkung um. Laut einer aktuellen Umfrage verbringen wir Deutschen im Schnitt 3,25 Stunden pro Tag an unseren Smartphones. Wir halten es keine zwei Minuten ohne Handy aus, während wir auf den Bus warten. Doch noch viel schlimmer: Wir halten es nicht mal mehr aus, ein Gespräch zu führen, ohne dass wir unser Handy parat haben. »Ja, aber ich leg es doch mit dem Bildschirm nach unten auf den Tisch!« Mag sein, aber damit vermittelst Du Deinem Gesprächspartner doch nur eine einzige Sache: »Du bist mir gerade nicht wichtig genug, als dass ich dir meine volle Aufmerksamkeit schenke, denn sobald mein Handy vibriert, *muss* ich kurz einen Blick drauf werfen. Nur kurz schauen.«

Irgendwann haben wir in unserer Kultur die Vorstellung entwickelt, dass ein Leben nur dann als gelungen gilt, wenn es lange gedauert hat. Genau nach dieser Vorstellung leben wir auch. Wir tun alles dafür, um möglichst gesund zu bleiben und dadurch möglichst alt zu werden. Wir versuchen, so schnell es nur geht, durch den Ausbildungsprozess zu kommen, um dann 30, 40 oder vielleicht sogar noch mehr Jahre einer Tätigkeit nachzugehen, die uns nicht unbedingt gefällt.

Spannend zu beobachten ist die Tatsache, dass in den letzten 60 Jahren die durchschnittliche Lebenserwartung um etliche Jahre gestiegen ist, wohingegen sich an der Zufriedenheit der Menschen rein gar nichts getan hat. Wir sind noch genau so zufrieden beziehungsweise unzufrieden wie vor mehr als einem halben Jahrhundert. So betrachtet ist das auch ganz logisch. Wir *müssen* ja auch alt werden, so wie wir leben. Denn wenn man Jahrzehnte seines Lebens einfach zum Fenster rauswirft, weil man Dinge tut, die entweder nicht dem eigenen Naturell entsprechen oder schlicht vollkommen unwichtig sind, anstatt herauszufinden, wer man wirklich ist, dann muss man tatsächlich 120 Jahre alt werden, um die wirklich wichtigen Dinge auch noch irgendwie erledigt zu bekommen. Vielleicht sollten wir uns einmal vor Augen führen, dass laut Statistik jeder Fünfte nicht einmal das Rentenalter erleben wird, weil er vorher stirbt, und ein Großteil derer, die es bis zur Rente schaffen, sind dann so krank, dass sie das, was sie eigentlich gerne noch getan hätten, nicht mehr tun können.

Uns allen steht eine gewisse Zeit zur Verfügung, um das Leben zu entdecken, herauszufinden, wer wir sind, oder um unsere Wünsche und Sehnsüchte auszuleben. Der eine hat mehr Zeit, der andere weniger. Doch wieviel Zeit uns wirklich übrigbleibt, wissen wir nicht. Oft sagen die Leute zu mir: »Flo, das, was du da so treibst, ist doch unglaublich hart! Das könnte ich nicht! Wie kann man so etwas nur tun?« Mag sein, dass bestimmte Dinge, die ich tue, hart sind, aber wirklich hart ist es doch, am Ende seines Lebens feststellen zu müssen, dass man doch eigentlich gerne mehr Gas gegeben hätte, aber man es jetzt eben nicht mehr tun kann. Das ist *wirklich* hart!

## Zugabe, Zugabe!

Obwohl ich erst 27 Jahre alt bin, durfte ich erkennen, wie wunderschön der Geist ist. Ich bin froh über all die schönen, aber vor allem auch über all die Drecksmomente. Denn dadurch durfte ich erfahren, was es für ein unglaubliches Gefühl ist, über mich hinauszuwachsen und zu erkennen, dass ich zu weitaus mehr fähig bin, als ich mir das selbst und auch andere je vorstellen konnte. Ich durfte erfahren, was es bedeutet, Menschen an meiner Seite zu haben, die ich wirklich liebe und die an mich glauben. Ich durfte miterleben, dass dieser »kleine dumme Nichtsnutz« sich gegen alle Widerstände zu der Person gemacht hat, die er heute ist.

Das macht mich zutiefst glücklich und gibt mir einen für immer währenden Seelenfrieden. Natürlich freue ich mich, wenn ich 80, 90, 100 oder 120 Jahre alt werde, aber wenn es morgen vorbei wäre, dann wäre ich ein glücklicher Mensch, weil ich weiß, dass ich mich um die wirklich wichtigen Dinge gekümmert habe. Es zählt für mich nicht mehr, wie lange ich noch lebe, sondern wie ich lebe. Alles, was jetzt noch kommt, ist Zugabe. ☺

# Wenn Du...

**Deine Lebenszeit
nutzen möchtest,
dann trockne zuerst
Deine Schuhe.**

# 6. Geduld – Suche Dir einen schönen Arsch vor Dir

*72 qualvolle Stunden. 72 Stunden voller Schweiß, Tränen und Blut. 72 Stunden vollgepackt mit scheinbar nicht enden wollenden Aufgaben. Genau so eine Aufgabe erlebten wir am zweiten Tag. Bis zu diesem Zeitpunkt waren wir bereits circa 30 Stunden auf den Beinen und hatten mehrere körperliche Grenzerfahrungen hinter uns gebracht. Unter den verbleibenden vier Teilnehmern war noch eine Frau. Mit verbundenen Augen und einem Gehörschutz auf den Ohren wurden wir mit einem Bus abtransportiert. Etwa zehn Minuten später fanden wir uns auf einer Wiese wieder, die direkt an ein Waldgebiet grenzte. Vor uns lagen vier etwa ein Meter lange und 25 Kilogramm schwere Baumstämme. Die Aufgabe bestand nun darin, diese Baumstämme auf den Nacken zu legen und sie über eine bestimmte Strecke durch unwegsames Gelände zu transportieren. Ein Absetzen war maximal zwei Mal erlaubt. Sollte der Stamm ein drittes Mal den Boden berühren, war man raus.*

*Dass es körperlich eine echte Herausforderung werden würde, war uns klar. Das Schlimmste war jedoch die psychische Belastung, weil wir nicht wussten, wie weit wir diese Holzstämme wirklich tragen sollten. Ein kurzes, aber sehr bestimmtes »Marschbereitschaft herstellen« machte uns unmissverständlich klar, dass es nun losging. In einer Reihe machten wir uns auf den Weg. Die ersten Schritte mit dem Baumstamm im Nacken fühlten sich fürchterlich an. Dabei war es weniger die muskuläre Belastung in den Beinen oder die geforderte Ausdauer. Was den Druck im Nacken beinahe unerträglich machte und die Schultermuskulatur zum Brennen brachte, war das seitliche Halten. Zudem konnte man mit der Last im Nacken nur gebückt gehen, was den unteren Rücken extrem belastete. Alles, was man in dieser Position sehen konnte, waren die eigenen Füße oder maximal das Hinterteil des Vordermannes beziehungsweise der Vorderfrau.*

*Auf diese Weise bewegten wir uns im Schneckentempo vorwärts und brauchten für die ersten 200 Meter etwa fünf Minuten. Ich konnte nicht vermeiden, dass mir schon recht bald der Gedanke »Dieses Teil trägst du keine 500 Meter*

*mehr« durch den Kopf schoss. Aber exakt in diesem Moment drang die laute*
*und aggressive Stimme eines Ausbilders an mein linkes Ohr. »Legen Sie einen*
*Zahn zu! Wir haben noch fünfzehn Kilometer vor uns!« Fünfzehn Kilometer?*
*Wie sollte das funktionieren? Zu behaupten, ich hätte in diesem Moment nicht*
*daran gezweifelt, ob ich das schaffen könnte, wäre gelogen. Ich dachte an die*
*zurückgelegten 200 Meter und die damit verbundenen Schmerzen und stellte*
*mir dieses Leiden über weitere fünfzehn Kilometern vor. Auf einmal sah ich*
*einen riesigen Berg vor mir, und ich hatte keinen blassen Schimmer, wie ich es*
*da hinüberschaffen sollte. Je mehr ich mich darauf fokussierte, wie anstrengend*
*das wohl werden würde, desto mehr schmerzte mein Körper. Aus Erfahrung*
*wusste ich, dass dieses Phänomen noch stärker werden würde, je mehr ich mich*
*darauf konzentrierte. Aus der Psychologie ist das ein altbekanntes Phänomen.*
*Energy flows where attention goes. Deine Energie geht immer dorthin, wo auch*
*Deine Aufmerksamkeit ist.*

*Also versuchte ich, dem Ganzen entgegenzusteuern. Ich versuchte, mich an meine*
*Zeit als Triathlet zurückzuerinnern. Jahrelang hatte ich es bei Ironman-Rennen*
*erlebt, was es bedeutet, das Ziel nicht aus den Augen zu verlieren. Wenn Du Dir*
*da bei Kilometer 26 klar gemacht hattest, dass noch 200 weitere folgen würden,*
*dann konntest Du Dir sicher sein, dass Du das Ziel nicht erreichen würdest.*
*Alles, was zählte, war der nächste kleine Schritt. Das nächste kleine Ziel, zu dem*
*man nach vorne blicken konnte. Wenn ich also in meiner Situation nach vorne*
*blickte, soweit es eben gerade ging, dann war dort der durchtrainierte Po der*
*einzig verbleibenden Teilnehmerin zu sehen. Durchaus ein attraktives kleines*
*Zwischenziel, wie ich fand. Ich stellte mich auf qualvolle 15 Kilometer ein, bei*
*denen ich mich mit kleinen Schritten vorwärtsbewegen würde. Sehr qualvoll,*
*aber es waren eben nur fünfzehn Kilometer und nicht 42.*

*Während wir so marschierten und zwischenzeitlich die Baumstämme immer*
*mal wieder absetzten, um diverse Zusatzübungen zu machen, passierte etwas*
*Faszinierendes: Jedes Mal, wenn wir die Baumstämme wieder aufgenommen*
*hatten, kamen sie mir leichter vor und der Körper schmerzte weniger. Ich habe*
*nicht mehr gegen meinen Kopf gearbeitet, sondern mit ihm. Somit galt auch auf*
*die kompletten drei Tage gesehen immer eine Regel: Egal, wie groß der Berg ist:*
*Der nächste Schritt ist der wichtigste.*

## Kleine Schritte für den großen Erfolg

Ich kenne viele Menschen, deren Kernkompetenz nicht unbedingt Geduld ist, und in vielen Situationen gilt das auch für mich. Wir tun uns generell schwer, das Ergebnis kleiner Schritte in der Zukunft zu sehen. Was wir stattdessen wahrnehmen, sind nur die einzelnen winzigen Schritte, die uns entmutigen, weiterzumachen – und dabei vergessen wir, das große Ganze zu sehen. Wir überschätzen maßlos, was wir in einem Jahr schaffen können, und wir unterschätzen, was wir in zehn Jahren schaffen können.

In der heutigen Zeit kommen wir sehr schnell an die meisten Dinge heran. Wollen wir uns einen Film ansehen, dann müssen wir nicht lange darauf warten, sondern streamen ihn einfach oder laden ihn aus dem Internet herunter. Um ein Buch zu kaufen, braucht es nur einen Klick, und schon liegt es am nächsten Tag im Briefkasten. Und selbst bei der Partnersuche scheint das Glück so nahe, wenn wir einfach das Profilbild auf dem Display nach rechts wischen. Es ist gar nicht mehr nötig, sich bei einem Date der unangenehmen Situation auszusetzen, dem anderen unsicher und schüchtern gegenüberzusitzen und zu versuchen, ein interessantes Gesprächsthema zu finden.

Natürlich ist es einerseits schön bequem, dass uns so viele Dinge schnell zur Verfügung stehen, aber leider vergessen wir dabei die Basics. Wir wollen etwas Großes bewirken und das möglichst schnell, vernachlässigen dabei jedoch nur zu oft die kleinen Schritte. Sich langsam auf sein Ziel hinzubewegen, entmutigt uns oft, weil wir es gewohnt sind, dass normalerweise alles extrem schnell geht. Sich aber darüber bewusst zu sein, dass man viele kleine Schritte brauchen wird, um sein Ziel zu erreichen, ist viel ermutigender, als die Illusion aufrechtzuerhalten, dass es auch mit wenigen großen Schritten klappen wird. Spätestens, wenn man einmal etwas Großes erreicht hat, wird man feststellen, dass die kleinen Schritte im Leben eben doch zählen. Es sind die kleinen Schritte, die Dich ins Ziel bringen. Es sind die kleinen Schritte, die darüber entscheiden, ob Du das große Ziel erreichst. Es sind die kleinen Schritte, die den Profi vom Amateur unterscheiden.

## Der entscheidende Schritt ist immer der nächste

Allerdings gibt es auch einen Unterschied zwischen kurzfristiger und langfristiger Geduld. Wie oft wurde mir in meinem Leben schon gesagt, wenn ich über große Vorhaben berichtet habe: »Ach, du bist noch so jung. Da hast du noch ewig Zeit!« Die gleichen Menschen sind es übrigens, von denen ich dann irgendwann zu hören bekomme: »Wie ist es möglich, dass du in so jungen Jahren schon so viel erreicht hast?« Die Antwort ist so einfach wie banal: »Weil ich nicht auf Dich gehört habe!«

Sei ungeduldig in den großen Zielen. Strebe danach, nach vorne zu kommen. Setze Dir große Ziele und kämpfe dafür! Aber sei geduldig mit den kleinen Schritten und nimm sie vor allem ernst. Denn so wie Du die kleinen Schritte machst, so machst Du auch die großen. So wie Du irgendetwas tust, so tust Du alles. Ungeduld im Großen inspiriert! Aber Ungeduld im Kleinen entmutigt Dich! Der wichtigste Schritt ist dabei nicht der erste, denn den machen viele. Der entscheidendste Schritt ist immer der nächste.

Deshalb wird man wird diese Baumstamm-Challenge niemals meistern, wenn man sich auf den Gipfel fokussiert, auch wenn dieser nur imaginär ist. Alles, was zählt, ist der nächste kleine Schritt, und genau dafür braucht es kleine, motivierende Zwischenziele, die man stets vor Augen hat.

# Wenn Du...

etwas Großes erreichen
möchtest, dann such
Dir einen schönen
Arsch, der vor Dir läuft.

# 7. Umfeld – Zieh das Boot gegen die Strömung

*Kurz nachdem wir am ersten Tag die Challenge mit der Tauchübung hinter uns gebracht hatten, ging es im Laufschritt zu einem Fluss. Am Ufer war ein kleines Schlauchboot für zehn Personen angeleint. Nachdem wir uns im Boot verteilt hatten, bekamen wir eine kurze Einweisung, wie wir paddeln sollten – uns auf den Rand des Bootes setzen und den äußeren Fuß ins Wasser halten, um eine möglichst gute Kraftübertragung zu gewährleisten. Fuß ins Wasser? Eigentlich wollte ich genau das vermeiden. Nasse Schuhe gleich zu Beginn, das versprach Blasen an den Füßen. Aber nun gut. Fuß ins Wasser und los ging's.*

*Nach etwa zwanzig Minuten wechselten wir die Seiten. Anderer Fuß ins Wasser. Eine Person steuerte das Boot, acht paddelten, während einer davon den Takt angab. Eins, zwei, eins, zwei, eins, zwei. Nachdem wir etwa eine Dreiviertelstunde lang gepaddelt waren, rief uns der Ausbilder von einem Motorboot, das neben uns fuhr, zu: »Paddel ins Boot legen! Ins Wasser!« Wir sahen uns etwas verdutzt an. Wie meinte er das jetzt? Mit der gesamten Ausrüstung? »Ab ins Wasser! Sofort!« bellte der Ausbilder zu uns herüber. Also legten wir die Paddel ins Boot und sprangen mit Kleidung und Bergschuhen mitten in den Fluss. »Boot gegen die Strömung ziehen! Ausführen!« Mit jeweils einer Hand am Boot und einer Hand unter Wasser kämpften wir gegen die Strömung an. Obwohl die Strömung sehr schwach war, kamen wir kaum vom Fleck. Während wir damit beschäftigt waren, uns mit der nassen Kleidung und den schweren Schuhen überhaupt über Wasser zu halten, bewegten wir uns im Schneckentempo Zentimeter für Zentimeter vorwärts.*

*Nachdem wir das circa 300 Kilogramm schwere Schlauchboot geschätzte zwanzig Minuten gezogen hatten, mussten wir es im Anschluss über unseren Köpfen an Land einen Kilometer weit tragen. Aus der anfänglichen angenehmen Abkühlung war mittlerweile eine echte Zitterpartie geworden. Der Wind und das milde Wetter in Verbindung mit der nassen Kleidung entzogen unseren Körpern langsam aber sicher die Wärme. Zitternd und körperlich bereits deutlich ermü-*

det, bekamen wir die Anweisung, das Boot ins Wasser zu lassen und es wieder zu ziehen. Bis auf ein gelegentliches Klappern der Zähne war es absolut still. Ohne etwas zu sagen, zogen wir das Boot immer weiter und weiter, ohne zu wissen, wie lange das noch so gehen würde. Das Boot zu ziehen, während sich unsere Körper unter der Wasseroberfläche befanden, war nicht nur körperlich, sondern vor allem mental um ein Vielfaches anstrengender, als sich in ihm einfach treiben zu lassen.

Auch im Laufe der folgenden Tage sollten noch einige Aufgaben uns zukommen, bei denen wir immer den schweren Weg wählen mussten, obwohl der einfachere viel verlockender gewesen wäre. Aber obwohl wir das in dieser Situation nicht sofort realisierten, waren es eben diese Herausforderungen, die uns als Gruppe zusammenschweißten. Die unbequemen Wege führten dazu, dass wir uns innerhalb von drei Tagen besser kennenlernten als andere in ihrem ganzen Leben. Trotz der zusätzlichen Anstrengungen war es ein unglaublich wertvolles Gefühl zu wissen, dass man den anderen vertrauen konnte. Alle hängten sich ins Zeug! Alle gaben ihr Bestes! Es war toll, solche Menschen um sich herum zu wissen. Mir war es lieber, das Boot mit den richtigen Leuten im Wasser gegen den Strom zu ziehen, als mich mit den falschen im Boot treiben zu lassen.

## Was wirklich den echten Kick gibt

In einer Harvard-Studie, die über 75 Jahre lief, untersuchten Forscher, was für ein erfülltes Leben wirklich notwendig ist. Die Ergebnisse dieser extrem umfangreichen Studie lassen sich auf einen einzigen Punkt reduzieren: qualitativ hochwertige Beziehungen zu anderen Menschen! Genau damit haben wir heutzutage allerdings unsere lieben Probleme. Durch die Digitalisierung erfahren wir von Dingen, von denen wir überhaupt nicht erfahren würden, wenn es das Internet nicht geben würde. Um es mal in zwei Klischees zu veranschaulichen, was ich damit meine: Frauen landen ganz zufällig auf irgendwelchen Shopping-Seiten und denken sich dann: »Na gut, ich habe zwar schon schöne Schuhe, aber *die* hier sind fast noch ein bisschen schöner.«

Bei Männern ist es nicht anders: Die landen ganz zufällig auf irgendwelchen Dating-Portalen und denken sich: »Ich habe zwar schon eine schöne Frau, aber die hier ist fast noch ein bisschen schöner.« Ich kann Dich beruhigen: In beiden Fällen sind die Alternativen nur auf den ersten Blick wirklich attraktiv.

Wir werden täglich mit Reizen überschüttet. Hier eine Werbung, da ein Angebot, dort ein Schnäppchen. Jedes Mal, wenn ein Reiz auf unser Hirn eintrifft, wird dort ein Hormon ausgeschüttet, das sogenannte Dopamin. Hört sich bisschen kompliziert an, deswegen sagen wir der Einfachheit halber einfach einmal »Kick«. Und nun gibt es zwei Möglichkeiten: Entweder bekommen wir nach dem Kick das, was wir wollten, dann sind wir im ersten Moment zufrieden. Aber weil im Hirn der Dopaminspiegel wieder absinkt und gleichzeitig die Reize beziehungsweise die Angebote weiterhin auf uns einprasseln, wollen wir dasselbe nochmal haben. Oder wir bekommen nicht, was wir ersehnen. Dann sind wir natürlich enttäuscht. Aber weil Reize und Angebote weiterhin auf uns einprasseln, versuchen wir es einfach noch einmal.

Mit diesem einfachen Konstrukt binden Dating-Portale und die sozialen Medien ihre Nutzer. Reiz → Dopamin → Reiz → Dopamin. So führt allein der Klingelton unseres Handys (Reiz) dazu, dass in unserem Hirn Dopamin (Kick) ausgeschüttet wird – und wenn es jetzt schwerfällt, nicht sofort zum Handy zu greifen, dann nennt man das Sucht! Ob man nun bekommt, was man möchte oder nicht, beide Varianten stressen uns. Unser Körper setzt Stresshormone frei, unter anderem das sogenannte Cortisol. Hört sich umständlich an, deswegen sagen wir der Einfachheit halber einfach einmal »Fuck«. Da unser Körper keine so große Lust auf »Fuck« hat, steuert unser Gehirn entgegen und setzt einen Stoff im Körper frei, der das »Fuck« beseitigt. Nun kommt das Oxytocin ins Spiel, auch bekannt als »Kuschelhormon«. Sagen wir der Einfachheit halber »kuscheln«.

Zusammenfassend sieht das also so aus: Je mehr Reize, desto mehr Dopamin (Kick) wird ausgeschüttet, desto größer der Stress (Fuck), und je größer der Stress, desto mehr Oxytocin (Kuscheln) wird benötigt. Jetzt wird es richtig spannend, denn Oxytocin wird sowohl ausgeschüttet, wenn wir uns mit Menschen umgeben, die uns guttun, als auch im umgekehrten Fall – wenn wir uns in Gesellschaft von Menschen befinden, die uns schaden. In diesem Fall spricht man dann vom sogenannten Stockholm-Syndrom: Man entscheidet sich in einer Stresssituation lieber für Menschen, die einem schaden, bevor man gar keinen menschlichen Bezugspunkt hat.

## Die Dosis macht's

Jetzt könnte man sich natürlich die Frage stellen, wo in diesem ganzen System das Problem liegt und ob die Digitalisierung mit all ihren Reizen Fluch oder Segen ist. Sind die Reize oder das Dopamin (Kick) das Problem? Nein, denn ohne das wäre unser Leben extrem langweilig! Ist der Stress (Fuck) das Problem? Nein, unser Körper braucht, entgegen der Meinung vieler, Stress, damit er optimal funktioniert. Die Herausforderung besteht nur darin, die richtige Dosis zu finden. Ausschlaggebend dafür, ob wir in diesem Kreislauf langfristig erfolgreich bestehen, ist das richtige Gleichgewicht zwischen Stress- und Beziehungshormonen – und dafür sind in erster Linie die Menschen verantwortlich, die uns guttun!

Mit Sicherheit kennst Du Menschen in Deinem Umfeld, die sich mit anderen umgeben, die ihnen eigentlich schaden. Wenn sie das tun, dann nicht deswegen, weil sie das so glücklich macht, nein, sondern weil sie vielleicht keinen einzigen aufrichtigen Menschen an ihrer Seite haben, dem sie zeigen können, was sie draufhaben.

Der leider viel zu früh verstorbene Hollywood-Schauspieler Robin Williams hat es einmal ganz treffend auf den Punkt gebracht. »Ich dachte immer, das Schlimmste, was einem im Leben passieren kann, ist, allein und einsam zu enden, aber das ist es nicht. Das Schlimmste, was einem passieren kann, ist mit Menschen zu enden, die Dir das Gefühl geben, einsam zu sein.«

Wir kämpfen gegen Zivilisationskrankheiten wie Depressionen und Burnout. Dabei sollten wir gegen die größte Krankheit von allen kämpfen: Gleichgültigkeit und Oberflächlichkeit. Das ist kein esoterisches Blabla, sondern wissenschaftlich schon längst belegt, unter anderem in der besagten Harvard-Studie. Qualitativ hochwertige (!) Beziehungen, egal ob zu Arbeitskollegen, dem Chef, Freunden oder dem Partner, sind für die Gesundheit zuträglicher als gesundes Essen, Bewegung und Schlaf. Vereinfacht gesagt, bedeutet das, dass ein Pizzaessen mit guten Freunden bis spät in die Nacht für die Gesundheit besser ist als am Abend alleine zu Hause zu sitzen und sich Chiasamen-Pampe mit kaltgepresstem Leinsamenöl reinzustopfen.

In meinem Leben gab es eine Menge Menschen, die gesagt haben: »Laufen? Der Junge? Niemals! Der will in die Schule? Ausgeschlossen!« Diese Menschen waren gar nicht bereit dazu, in die Tiefe zu gehen, denn an der Oberfläche ist es viel angenehmer, zumindest im ersten Moment. Aber wirklich zufrieden macht es halt auch nicht. Wären da nicht ein paar Menschen gewesen, die wirklich in die Tiefe gegangen sind, ob in meiner Familie, in meinem Sport oder auch in meiner Tätigkeit als Redner, dann würde ich heute vermutlich weder laufen können noch würde ich hier sitzen und dieses Buch schreiben.

Unser Job, unsere Hobbys, unsere Beziehung und unsere persönliche Entwicklung leiden darunter, dass wir keine Strategien haben, uns in der medialen Welt zurechtzufinden, ohne dabei irgendwann depressiv und alleine zu Hause verkümmern. Wir gehen davon aus, dass wir nur mit den großen Sachen etwas bewirken, dabei ist genau das Gegenteil der Fall. Deine Partnerin liebt Dich nicht, weil Du ihr zum Valentinstag Blumen gekauft hast. Sie liebt Dich, weil Du in der Früh nach dem Aufwachen »Guten Morgen« gesagt hast, bevor Du einen Blick auf Dein Handy geworfen hast. Deine beste Freundin ist nicht Deine beste Freundin, weil Du ihr zum Geburtstag tolle Schuhe geschenkt hast, sondern weil Du ihr nach ihrer beschissenen Woche zugehört hast, anstatt ihr von Deiner großartigen Woche zu erzählen. Dein Angestellter steht nicht hinter Dir, weil Du ihm mehr Geld gegeben hast, sondern weil Du Dich nach dem Gesundheitszustand seines Vaters erkundigt hast, der seit einer Woche im Krankenhaus liegt.

## Die wertvollsten Geschenke kosten kein Geld

Nicht die materiellen Dinge oder die großen Gesten machen den Unterschied, sondern es sind die beständigen kleinen Aufmerksamkeiten und die Empathie, die dafür sorgen, dass eine wertvolle Beziehung, zu wem auch immer, reifen kann. Nicht die besonderen Events oder Ereignisse lassen Vertrauen entstehen, sondern dass man seinem Gegenüber seine volle und ungeteilte Aufmerksamkeit schenkt. Es geht nicht um das Hören, sondern um das Zuhören.

Lass das Handy zu Hause oder zumindest in der Hosentasche, wenn Du mit Freunden zum Essen gehst. Höre dem anderen zu, schau ihm in die Augen und interessiere Dich wirklich für ihn. Das sind die einfachsten, billigsten und gleichzeitig wertvollsten Geschenke, die man anderen Menschen machen kann. Es sind die Dinge in der Tiefe, die ein Leben mit der Digitalisierung zum Segen und nicht zum Fluch machen.

Wähle den harten Weg. Spring ins kalte Wasser und zieh das Boot mit den richtigen Leuten!

# Wenn Du...

**Dein Leben bereichern willst, dann ziehe das Boot mit den richtigen Leuten gegen den Strom.**

# 8. Charakter – Miss einen Menschen an der Größe seines Herzens

*Auf dem Weg zur Höllenwoche ging mir neben vielen anderen vor allem eine ganz spezielle Frage durch den Kopf: Wer sind wohl die anderen Teilnehmer? Als wir uns dann zum ersten Mal zu Gesicht bekamen, versuchte ich natürlich, mir ein Bild von jedem einzelnen zu machen. So etwas passiert bis zu einem gewissen Grad ganz unbewusst. Der berühmte erste Eindruck eben. Wie groß ist die Person? Wie verhält sie sich? Wie spricht sie? Obwohl ich versucht habe, das zu vermeiden, und obwohl es auch absoluter Quatsch ist, so eine Beurteilung schon nach nur wenigen Minuten beziehungsweise Stunden abzugeben, schoss mir noch ein weiterer Gedanke durch den Kopf: Wie lange würde wohl jeder einzelne hier in der Höllenwoche durchhalten?*

*Die Gruppe war ziemlich heterogen: Von groß bis klein, von jung bis alt, von erfahren bis unerfahren war alles dabei. Neun Männer und eine Frau. Ja, Du hast richtig gehört, eine Frau. Wie gesagt, ich versuche stets zu vermeiden, mir ein Urteil über eine Person nur aufgrund des ersten Eindrucks zu machen, doch ich muss zugeben, dass ich mir einfach nicht vorstellen konnte, wie eine junge Frau die gleichen körperlichen Aufgaben meistern sollte wie ein durchtrainierter, ein Meter neunzig großer, gestandener Mann.*

*Am Ende des ersten Tages waren wir nur noch zu acht, und ja, die Frau war noch im Rennen. Zehn Stunden später waren wir nur noch zu viert. Und ja, auch die Frau war immer noch dabei! Nach einer Nacht mit gerade einmal einer halben Stunde Schlaf und einem Vormittag, der uns körperlich alles abverlangt hatte, kamen wir zur nächsten Challenge, der bereits beschriebenen Aufgabe, den 25 Kilogramm schweren Baumstamm durch unwegsames Gelände zu tragen. Bereits nach wenigen Schritten hörte ich den tiefen, schweren Atem meiner Kameradin, die direkt vor mir ging. Obwohl ich zu dem Zeitpunkt mit mir selbst kämpfte, machte ich mir allmählich Sorgen um ihre körperliche Verfassung. Ich dachte mir: »Wie um alles in der Welt ist es möglich, dass eine Frau, die weitaus weniger Körpermasse, Kraft und*

*Muskulatur besitzt als die anwesenden Männer, den gleichen Baumstamm den Berg hochschleppen kann?«*

*Nach einer Zwischenübung, bei der wir den Baumstamm absetzen durften, half ich ihr dabei, den Stamm wieder auf ihre Schultern zu befördern. Ich spürte dabei förmlich, wie sie durch die Last für einen kurzen Moment in sich zusammensackte. Allein das mitanzusehen, tat mir schon weh. Meter für Meter ging es im Schneckentempo weiter. Doch mit jedem Schritt beschleunigte sich ihr Atem und ihr Gang wurde schwerfälliger. Zusätzlich zu dieser körperlichen Grenzbelastung versuchte ein Ausbilder, sie zum Aufgeben zu bewegen. »Geben Sie doch endlich auf! Ersparen Sie uns und Ihnen diese lächerliche Vorstellung. Als Frau haben Sie hier ohnehin nichts verloren. Sie sind einfach zu schwach!« Natürlich meinte der Ausbilder das nicht wirklich so. Der einzige Zweck dieser Worte war, herauszufinden, ob sie bereit war, diese Quälerei körperlich und vor allem mental zu ertragen. Jedes Mal, wenn sie so aussah, als ob sie jeden Moment in sich zusammenbrechen würde, versuchte ein anderer Ausbilder, sie aufzubauen: »Jetzt können Sie der Welt da draußen zeigen, dass Frauen viel stärker sind, als alle glauben. Jetzt haben Sie die einmalige Chance ein Vorbild für alle Frauen zu sein!«*

*Vor mir lief also eine junge Frau, die körperlich und mental an ihrem absoluten Limit stand und kurz davor war, in sich zusammenzubrechen. Von der Seite konnte ich hin und wieder sehen, wie ihr die Tränen übers Gesicht liefen, während sie von den Ausbildern angeschrien wurde. Das war einfach nur brutal! Selten habe ich eine Frau so leiden sehen wie in diesem Moment. Als ich wenige Minuten später nochmal einen kurzen Blick auf ihr Gesicht werfen konnte, las ich darauf zweierlei: Erstens: Ich bin vollkommen am Arsch! Und zweitens: Ich werde immer weiter gehen! Egal, wie hart es ist!*

*Mehr als in jeder weiteren Challenge wurde mir hier deutlich: Beurteile einen Menschen niemals aufgrund des ersten Eindrucks oder wegen irgendwelcher äußeren Gegebenheiten, denn Du wirst niemals sehen können, wieviel er wirklich bereit ist zu geben. Den wahren Charakter einer Person erkennt man in einer Extremsituation.*

## Dem zweiten Eindruck eine Chance geben

Wir leben in einer Gesellschaft, in der Äußerlichkeiten einen immer größer werdenden Stellenwert einnehmen. »Fake it until you make it« wird zum Leitsatz, um sich durch die Welt von Facebook, Instagram und anderen Medien zu mogeln. Das Problem dabei ist nur, dass die meisten, die das versuchen, niemals bis zum »Make it« kommen. Was für sie auf Instagram zählt, sind die Likes! Was auf Tinder zählt, sind Matches! Was bei einer Fußballweltmeisterschaft zählt, sind die perfekt sitzenden Haare für die Kamera! Und was bei einem Geschäftsessen zählt, ist die Armbanduhr – und wenn es nur die Türkei-Rolex ist!

Man sieht einer Person an, ob sie viele Muskeln hat. Man sieht, ob jemand braun gebrannt ist. Man sieht, ob jemand teure Kleidung trägt. Aber was man einer Person *niemals* ansehen wird, ist, wie sehr er oder sie bereit ist zu kämpfen, wenn es wirklich drauf ankommt.

Leider bekommen in unserer Gesellschaft genau die Menschen, die nach außen hin einen perfekten Eindruck vermitteln, viel zu schnell und viel zu viel Aufmerksamkeit! Ist doch egal, könnte man sich jetzt denken, oder? Was kann eine hübsche Fitness-Influencerin schon anrichten, die gebräunt und mit einer scheinbar perfekten Figur auf Instagram erklärt, wie man am besten abnimmt? Wo ist das Problem, wenn ein Möchtegern-Guru auf Youtube mit nacktem Oberkörper und aufgepumpter Brust seinen geistigen Dünnpfiff zum Thema Kraftsport in der Welt verbreitet? Was ist schlimm daran, wenn ein Klappergestell im Fernsehen die Worte verkündet: »Ich habe heute leider kein Foto für Dich«?

Was schlimm daran ist? 440.000 Fälle von Essstörungen (2016), Tendenz steigend! Bei den stationären Klinikaufenthalten waren dabei mehr als ein Viertel Mädchen unter 15 Jahren! Einer Studie der Sporthochschule Köln zufolge gaben sieben Prozent der Befragten zwischen 15 und 22 Jahren zu, in den letzten zwölf Monaten Anabolika konsumiert zu haben. Stellt sich jetzt immer noch die Frage, was schlimm daran ist? Die Zukunft unseres

Landes hungert, kotzt und spritzt sich kaputt, weil sie dem Ideal einer Person hinterherlaufen, die ihr eigenes Leben selbst nur auf Fake und beschissenen Filtern aufgebaut hat.

Wenn man von einer bekannten Eigenschaft einer Person auf unbekannte Eigenschaften schließt, spricht man in der Psychologie vom sogenannten Halo-Effekt. Nichts anderes passiert in den beschriebenen Fällen. Hat eine Person ein gepflegtes Äußeres, eine schicke Armbanduhr und kann sich noch dazu eloquent ausdrücken, dann gehen wir zum Beispiel davon aus, dass diese Person auch in anderen Bereichen vertrauenswürdig ist und ihr Leben unter Kontrolle hat. Diese Vermutung wird dann meistens auch noch von Sätzen wie »You never get a second chance to make a first impression!« untermauert. Aus meiner Sicht ist der zweite, dritte und vierte Eindruck einer Person aber viel wichtiger als der erste – der nur einen Blick auf das Äußere erlaubt.

## Herzensgröße, ohne Filter

Die große Mehrheit der Menschen in meinem Leben hat mich immer nach dem ersten Eindruck bewertet. Doch da ein aufgedrehtes Kind nun mal keinen wirklich guten ersten Eindruck hinterlässt, beschränkten sich meine sozialen Kontakte lange Zeit auf ein paar sehr wenige Menschen. Menschen, die mir diese zweite Chance gegeben haben. Diese zweite Chance war für mich die einzige Möglichkeit, ihnen zu zeigen, dass ich vielleicht doch kein so verkehrter Kerl war, wie sie vielleicht zunächst dachten.

Du wirst zweifeln. Du wirst scheitern. Du wirst am Boden liegen. Du wirst leiden. Du wirst kurz davor sein, alles hinzuwerfen. Du wirst Sachen erleben, die Du nicht mal Deinen Feinden wünschst. Und in genau diesen Momenten zählen weder Dein Geschlecht, Dein sozialer Status, Deine Hautfarbe, noch die Anzahl Deiner Instagram-Follower. In diesen dunklen Momenten zählt nur die Größe Deines Herzens – und nein, da kann man keinen Filter drüberlegen.

**"**

Miss einen
Menschen nicht an
Äußerlichkeiten.
Miss ihn an der
Größe seines
Herzens.

**"**

# 9. Willenskraft – Kümmere Dich um Manni

*Am Ende des ersten Tages, kurz nachdem wir den bereits beschriebenen Panik-raum hinter uns gebracht hatten, sagte ein Ausbilder zu uns: »Sie haben mitt-lerweile zwei Kameraden verloren. Zwei Kameraden sind bereits nach Hause zu Mami gegangen. Das müssen wir nun ausgleichen. Ihr neuer Kamerad liegt hinter Ihnen. Er wird ab sofort Ihr steter Begleiter sein. Sie werden ihn überall mithinschleppen, und Sie werden dafür Sorge tragen, dass Ihr neuer Kamerad immer steht. Er darf niemals angelehnt werden.«*

*Wir drehten uns langsam um – und dort sahen wir ihn liegen. Wir tauften ihn Manni. Manni war ein etwa 1,80 Meter großer und 40 Kilogramm schwerer Dummy aus Leder mit irgendeiner seltsamen Füllung, die ihm nicht wirklich viel Stabilität verlieh. Vom Panikraum aus ging es direkt zurück ins Lager, selbstver-ständlich mit Manni auf den Schultern. Meistens trugen wir ihn zu zweit, hin und wieder, wenn es die Situation erforderte, auch alleine. Extrem unhandlich und schwer zu greifen war dieser Kamerad. Als wir gegen vier Uhr früh wieder im Lager ankamen und gerade dabei waren, Manni an einen Baum zu lehnen, kamen uns die Worte des Ausbilders wieder in den Kopf: »Er darf niemals angelehnt werden.«*

*Um es kurz zu machen: Dieses komische, schwarze, unhandliche Etwas musste von uns 24 Stunden am Tag gehalten werden, auch in der Nacht. Eine ent-spannte Feuerwache war somit kaum möglich, da man selbst im Sitzen seine Mühe hatte, Manni in die richtige Position zu bekommen und dort zu halten. Wohin wir auch liefen oder marschierten, Manni war stets unser treuer Begleiter. Zugegeben: Hin und wieder kamen wir in der Nacht auf die Idee, ihn einfach zu verbrennen, aber das taten wir dann doch nicht. Um ehrlich zu sein, war er nicht nur eine zusätzliche körperliche Belastung, vielmehr ging er uns irgend-wann ziemlich auf den Sack. Es erforderte tägliche Disziplin und Willenskraft, ihn nicht aus den Augen beziehungsweise Händen zu lassen. Doch auch wenn sich das für einen Außenstehenden vielleicht lächerlich anhört, erkannten wir irgendwann dennoch einen Sinn darin. Wir sahen nicht mehr nur die kleinen täglichen Anstrengungen, sondern das große Ganze. Wir alle wollten die Höl-*

*lenwoche bestehen, und Manni war eben ein Teil davon. So konnte man selbst daraus etwas Positives ziehen.*

*Manni machte uns nämlich deutlich, wie wichtig Willenskraft und Disziplin sind. Nicht nur im Großen, sondern vor allem bei einer scheinbar banalen Sache wie dem Halten eines Dummys. Und auch nicht nur kurz, sondern über den gesamten Zeitraum hinweg. Manni half uns dabei, dass unsere Willenskraft Tag für Tag wuchs. Mussten uns die Ausbilder am Anfang gelegentlich noch darauf hinweisen, dass wir ihn vorsichtig auf- und absetzen sollten, wurde dies für uns sehr schnell zur Selbstverständlichkeit. Wir taten es einfach, ohne darüber nachzudenken. Ja, man könnte unsere Beziehung zu ihm fast als Hass-Liebe bezeichnen: Auf der einen Seite war Manni in den meisten Situationen ziemlich nervig, doch auf der anderen Seite machte er uns stärker.*

## Veränderung braucht Willenskraft

Wir leben im absoluten Luxus. Für die meisten Dinge müssen wir uns heutzutage kaum noch anstrengen: aus dem warmen Bett ins vorgeheizte Auto, mit dem Coffee-to-go ins perfekt klimatisierte Büro auf den ergonomisch geformten Bürosessel. Je mehr Dinge wir tun, die uns keine Anstrengung oder Überwindung kosten, desto weiter sinkt langsam, aber sicher unsere Bereitschaft, uns für wirklich wichtige Dinge anzustrengen. Entsprechend lässt unsere Willenskraft nach. Das ist ja auch überhaupt kein Problem! So lange bis, ja, bis man irgendwann etwas verändern möchte.

Nehmen wir mal an, Du hast das Gefühl, dass Du über die letzten Monate hinweg ein bisschen zu flauschig geworden bist, und nun möchtest Du ein paar Kilos abnehmen. Du schaust Dich ein bisschen im Internet um, und dann kommt einer dieser 82 Millionen Ernährungsexperten auf Dich zu und sagt: »Zehn Kilo abnehmen in zwei Wochen ohne zu hungern? Kein Problem! Ich zeig' es dir!« Du legst los, und am Anfang läuft es auch ganz gut. Du brauchst kaum Willenskraft. Klar, denn Du steckst ja noch in der

Anfangseuphorie. Aber irgendwann kommst Du an einen Punkt, an dem es anstrengend wird, und Du denkst Dir: »Hoppala, doch nicht so einfach wie gedacht.« Das Problem ist, dass Du auch jetzt keine Willenskraft hast, Dich da durchzubeißen.

Was macht man nun in einer solchen Situation? Richtig! Man schaut, was andere machen. Internet und Social Media sei Dank findest Du sehr schnell Fotos und Berichte von anderen. Du siehst Menschen, denen scheinbar genau das gelingt, woran Du selbst offensichtlich kläglich scheiterst. Leider fällt Dir dabei eins nicht auf: Das alles liegt vielleicht nur daran, dass die meisten Menschen immer nur die besten Momente ihres Lebens posten und nie die Drecksmomente, und über die besten Momente wird auch noch ein schicker Filter gelegt. Meine Güte, wie schön wäre es, wenn man im echten Leben auch einfach nur einen Filter drüber wischen könnte! Du siehst Menschen, die scheinbar den perfekten Körper haben. Du siehst Menschen, die scheinbar den perfekten Partner haben. Du siehst Menschen, die scheinbar das perfekte Leben führen und auf einem Einhorn über den See schippern, und Du denkst Dir: »Verdammt, was bin ich eigentlich für ein Loser! Ich kann ja gar nix!«

## Kalt duschen!

In einer Gesellschaft, in der alle nur die Filetstücke ihres Lebens mit der Öffentlichkeit teilen, leben wir in einem ständigen Mangelgefühl. Wir sehen, wie toll es bei den anderen ist, und vor allem sehen wir, wie grandios und unbeschwert man scheinbar durchs Leben laufen kann. Jeder kann alles, wenn er nur wüsste, was er wollte. Wenn wir das dann mit unserem eigenen Verhalten abgleichen, dann haben wir ständig den Eindruck, nicht genügend zu tun. Falls wir uns dann doch einmal entscheiden, bestimmte Dinge in Angriff zu nehmen, geben wir meist sehr schnell auf, weil uns der scheinbar so mühelose und schnelle Fortschritt der anderen entmutigt. Wir haben die Visionen – aber nicht mehr die Willenskraft, sie auch zu verfolgen.

Mach Dir bitte eine Sache bewusst: Kein Bergsteiger ist jemals auf den Gipfel raufgefallen! Das Problem ist weniger, dass wir es nicht draufhätten, auf den Gipfel zu kommen. Das Problem ist, dass wir ständig nur den Gipfel bewundern, aber dabei den Berg vergessen. Wenn Dir klar ist, was Erfolg für Dich bedeutet (siehe Kapitel 2), also wenn Dir klar ist, was *Dein* Gipfel ist, dann ist es notwendig, dass Du Schweiß, Blut und Tränen dafür investierst, und dafür braucht es eben Willenskraft und Disziplin, Tag für Tag!

Wie Du Willenskraft erwirbst? Ganz einfach: Mach jeden Tag etwas, was Du hasst. Mach jeden Tag etwas Kleines – das muss gar keine große Sache sein –, was Dir Willenskraft abverlangt. Dusche Dich beispielsweise kalt. Nimm die Treppen statt den Aufzug. Laufe die letzten beiden Haltestellen zu Fuß. Keine Sorge, es wird Dir keinen Spaß machen, aber genau das ist Sinn und Zweck dabei. Langsam, aber sicher wird Deine Willenskraft Tag für Tag stärker werden. Vielleicht denkst Du Dir jetzt: »Mag ja sein, aber ich will ja gar nicht gut werden im Kaltduschen.« Oder: »Ich will ja gar nicht der Schnellste im Treppenhaus sein.« Mach Dir klar: Wobei auch immer Du Dir Deine Willenskraft erarbeitest – Du kannst sie auf alle anderen Bereiche übertragen!

# Wenn Du...

**Deine Willenskraft und
Disziplin stärken
möchtest, dann kümmere
Dich um Manni!**

# 10. Körper und Geist – Lies die Bedienungsanleitung

*Mitte des ersten Tages, wir hatten bereits einige Challenges hinter uns gebracht, marschierten wir einige Minuten zu einem Bunker. Ein Raum, etwa fünf auf fünf Meter, mit Betonwänden und Neonröhren an der Decke. Darin standen ein paar Tische und Stühle. Wir wurden aufgefordert, unsere Helme und Rucksäcke abzulegen und auf den Stühlen Platz zu nehmen. Vor jedem von uns lag ein weißes Blatt Papier und ein Bleistift. Die Aufgabe bestand nun darin, uns innerhalb von zehn Minuten, acht Gesichter mit den dazugehörigen Vor- und Nachnamen, dem Geburtsort, Geburtsdatum und dem Beruf der jeweiligen Person einzuprägen. Nachdem diese zehn Minuten abgelaufen waren, bekamen wir weitere fünf Minuten, um das Ganze auf einem anderen Blatt Papier in Multiple-Choice-Form wiederzugeben.*

*»Sie haben zehn Minuten Zeit. Start ab jetzt!« Mit diesem Kommando begann die Challenge. Da nun der Körper nach über acht Stunden Dauerbelastung das erste Mal langsam zur Ruhe kam und es in dem Raum mucksmäuschenstill war, nahm ich meinen schnellen, kräftigen Herzschlag deutlich wahr. Ich nutzte die ersten Sekunden des Tests dafür, mich mental auf die Aufgabe einzustimmen. Da ich mich schon seit über fünf Jahren mit dem Thema Psychologie und im Speziellen mit Sportpsychologie befasse, konnte ich natürlich einige Techniken anwenden, um einerseits von der extremen körperlichen auf die geistige Beanspruchung umzuschalten und andererseits, um mir die Begriffe und Zahlen einzuprägen. Auch im weiteren Verlauf des Höllencamps wurden wir immer wieder vor Denksportaufgaben gestellt. Sehr schnell wurde klar, dass man hier nur würde bestehen können, wenn man es schaffte, Körper und Geist zu einer Einheit zu verbinden – wenn man also das richtige Mindset mitbrachte.*

## Das Gehirn, das unbekannte Wesen

Unser Gehirn ist eines der komplexesten Dinge, die es hier auf diesem Planeten gibt. Eine Rechen- und Schaltzentrale, laut aktuellen Forschungen mit einer Speicherkapazität von unglaublichen 2.500.000 Gigabyte, also 2.500 Terabyte oder 2,5 Petabyte. Das entspricht einer Speicherkapazität von über 400.000 Hollywood-Filmen in hochauflösender Qualität oder würde ausreichen, um alle Bücher der amerikanischen Library of Congress, der größten Bibliothek der Welt, abzuspeichern. Es ist ein faszinierendes Organ, das nicht erst gefüllt werden muss, damit es funktioniert. Ganz im Gegenteil, es bringt in aller Regel bei einem gesunden Menschen schon alle Funktionen mit, frei Haus, wir müssen nichts dafür tun. Es wartet nur darauf, richtig benutzt zu werden.

Seit Jahrzehnten ist das Gehirn zudem eines der größten Forschungsgebiete. Dabei wird es nicht nur auf struktureller, sondern auch auf funktioneller Ebene untersucht. Die Fortschritte auf diesem Gebiet vor allem in den letzten Jahren sind beeindruckend und zeigen, wie komplex und leistungsfähig unser Kasten da oben ist. Alles hängt von ihm ab. Nicht nur das Leben generell, weil dieses Organ das zentrale Nervensystem steuert, sondern auch wie wir handeln, egal in welchem Bereich. Selbst unsere körperliche Leistungsfähigkeit ist ohne das Gehirn und das, was wir damit denken und steuern, vollkommen nutzlos. Es spielt keine Rolle, ob Du einen dicken Oberarm oder ein perfektes Sixpack besitzt: Wenn Dir Dein Hirn das Zeichen zum Aufgeben gibt oder Du Dich schlicht und ergreifend nicht motivieren kannst, dann ist die ganze körperliche Stärke nutzlos.

Somit beginnt auch jede Form des Lernens und auch jede Form der Veränderung immer in unserem Geist – ganz egal, ob wir fitter werden wollen, abnehmen oder uns einfach nur einen Text einprägen möchten. Doch beginnen wir tatsächlich immer damit, erst an unserem Geist oder, wie man Neudeutsch sagt, am Mindset zu arbeiten? In den allerwenigsten Fällen tun wir das! Um fitter zu werden, führt uns der erste Weg meist ins Fitness-Studio. Um abzunehmen, machen wir die nächstbeste Diät. Um uns einen Text einzuprägen, versuchen wir einfach nur, Wort für Wort auswendig zu lernen. Wir verstehen den Mechanismus dahinter, wie unser Gehirn also arbeitet, nicht wirklich – und genau aus diesem Grund fühlen wir uns so machtlos, wenn uns bestimmte Sachen dann nicht gelingen. Jahr für Jahr scheitern beispielsweise tausende Menschen an ihren Neujahrsvorsätzen, weil sie an den falschen Stellschrauben drehen. Den meisten kann man dabei aber absolut keinen Vorwurf machen, denn wir lernen es ja genauso!

Das Gehirn eines Kleinkindes entwickelt sich in aller Regel großartig! So lange, bis, ja, bis es in die Schule kommt. Hat es sich bis zu diesem Zeitpunkt seine Fähigkeiten über »Trial and Error«, Versuch und Irrtum, also über persönliche Erfahrungen und Ausprobieren erarbeitet, folgt nun eine Druckbetankung mit Wissen. Aber nicht etwa mit Erkenntnissen darüber, wie unser Gehirn funktioniert und arbeitet, sondern mit Wissen, das die Kinder zu 99 Prozent ohnehin nicht interessiert. Statt der Frage, warum man sich Fremdsprachen nicht merken kann, wirklich auf den Grund zu gehen, gibt es die Anweisung: Lern einfach Deine Vokabeln. Nebenbei bemerkt, ist reines Vokabelpauken nachweislich die ineffizienteste Methode, um eine Sprache zu lernen. Statt die Frage zu beantworten, wie es möglich ist, dass eine Rakete die Erdumlaufbahn verlassen kann, hören wir: Ist doch egal, wichtig ist, dass Du die Formel kennst. Und statt herauszufinden, wie man es schafft, sich in schwierigen Momenten aufzuraffen, bekommen wir zu hören, das sei nicht prüfungsrelevant.

Ja, vielleicht ist es nicht prüfungsrelevant, wohl aber lebensrelevant! Wir füllen unsere Kästchen im Hirn – Job, Beziehung, Hobbys, Allgemeinbildung, Sprachen, Naturwissenschaften usw. – mit Wissen, ohne auch nur im Ansatz zu verstehen, wie wir dieses Wissen nutzen, geschweige denn miteinander verknüpfen können. Was nützt das beste Wissen über Mathematik, wenn man vor lauter Prüfungsangst nicht einmal mehr den Stift bewegen kann? Was nützt der stärkste Körper, wenn die Motivation fehlt, diese Kraft im Wettkampf abzurufen? Was nützt das beste Abnehmkonzept, wenn die Disziplin fehlt?

## Trainingseinheiten für den Geist

Man wird nie kontrollieren können, was man nicht versteht. Genau aus diesem Grund ist es für mich immer noch vollkommen unverständlich, wieso in der Schule nicht einmal im Ansatz darüber gesprochen wird, *wie* man das Gehirn benutzen kann. Für jede noch so billige Kamera auf dem Markt gibt es eine Bedienungsanleitung mit über 100 Seiten. Aber für das Komplexeste, was es auf dieser Welt gibt, nämlich unser Gehirn, gibt es keine. Wie sollen wir verstehen, wie wir es richtig einsetzen können, wenn wir nie lernen, wie es funktioniert und arbeitet? Das wäre in etwa so, als wenn Dir jemand eine Spiegelreflexkamera für 10.000 Euro schenkt und Du keine Ahnung vom Fotografieren hast. Und Du bekommst nur gezeigt, wo der Ein- und Ausschaltknopf ist, wie man den Akku wechselt und vielleicht noch ein paar dieser banalen Dinge. Vielleicht findest Du irgendwann heraus, wo der Auslöser ist oder was die anderen Knöpfe bedeuten könnten, aber wenn Du nicht lernst, *wie* das Teil funktioniert, also wo Du Dich mit der Kamera platzieren musst, wie Du belichten musst, welche Zusatzeinstellungen es gibt und so weiter, dann werden trotzdem Scheißfotos dabei herauskommen – egal wie gut die Kamera ist.

Betrachtet man die Besten der Besten in ihrem jeweiligen Bereich einmal etwas genauer, so wird man feststellen, dass in der Regel weder ihr Intelligenzquotient noch ihr Talent sie an die Spitze gebracht haben. Vielmehr sind es Fähigkeiten wie Durchhaltevermögen, Wille, Konzentration, Schmerztoleranz, Selbstvertrauen, Empathie, Leidenschaft, Commitment, Disziplin oder Begeisterungsfähigkeit. Viele Menschen, die noch nicht einmal einen Schulabschluss haben, sind dennoch in ihrem Bereich ganz weit vorne, in erster Linie deswegen, weil sie verstanden haben, wie sie ihren Geist einsetzen können. Wenn man die Funktion verstanden hat, dann muss man das Wissen nur noch auf die Festplatte aufspielen.

Verschiedenste Technologien in der heutigen Zeit erschweren es uns deutlich, uns mit unserem Gehirn zu beschäftigen, was wiederum ein Grund dafür ist, warum eben diese Basisfähigkeiten immer weiter verlorengehen.

Das bedeutet jedoch nicht, dass die Technologie eine schlechte Sache ist, ganz im Gegenteil, vorausgesetzt, wir haben sie unter Kontrolle. Dieses Buch zielt darauf ab, genau diese Basisfähigkeiten zu erlernen und auszubauen, und dabei gibt es eine Grundregel: Was auch immer Du tust, ob es eine positive oder eine negative Sache ist, wenn Du es immer und immer wieder trainierst, wirst Du besser darin. Das ist der Grund, warum viele Menschen beispielsweise so gut darin sind, sich ablenken zu lassen oder zu jammern – und so schlecht darin, sich durch Sachen, die Willenskraft erfordern, durchzubeißen. *Repetition is the mother of success.*

# Wenn Du...

**Deinen Geist trainieren möchtest, dann lies die Bedienungsanleitung!**

„

# 11. Leichtigkeit – Häng Deine Zähne zum Trocknen raus

*»Runter da!« rief uns einer der Ausbilder entgegen. »Liegestützen! Schauen Sie nicht so! Runter auf den Boden!« Das war die herzliche Begrüßung in der Höllenwoche, als wir gerade auf der Ladefläche eines LKW auf dem Übungsplatz ankamen. In Liegestützposition angekommen, hatte ich meine liebe Mühe, nicht unter lautem Lachen zusammenzubrechen. Von Beginn an herrschte ein sehr rauer Umgangston, aber mir war natürlich auch bewusst, warum und wozu. Die Ausbilder wollten uns nicht nur körperlich, sondern vor allem auch psychisch platt machen. Sie wollten uns mental brechen, um herauszufinden, ob wir wirklich genug Biss hatten. Das war mir von vornherein klar, und deswegen hatte ich mir mit dem ersten Schritt auf den Boden dieses Übungsplatzes auch fest vorgenommen: »Egal, was passiert: Du lässt dir niemals Deine Leichtigkeit nehmen!« Schon während meiner Zeit als Profi-Triathlet hatte ich gelernt, dass man die besten Leistungen vor allem dann bringt, wenn man tut, was den persönlichen Stärken entspricht und dabei gleichzeitig seine Leichtigkeit behält.*

*Nach den Liegestützen ging es weiter mit den unterschiedlichsten Übungen. Sprints mit den Kameraden auf den Schultern, am Boden entlang robben, Kniebeugen – und das alles begleitet von ständigem Geschrei. »Sie da! Haben Sie Schmerzen? Wollen Sie nach Hause zu Mami? Gehen Sie doch! Sie haben eh nichts drauf!« Als wir mal wieder in Liegestützposition waren, bemerkte der Ausbilder, dass ich auf meine rechte Hand mit einem dicken Filzstift einen Smiley gemalt hatte. Das war schon während meiner Zeit als Triathlet zu einem festen Ritual geworden, denn jedes Mal, wenn ich in ein mentales Tief abzurutschen drohte, warf ich einen Blick auf meine Hand und sagte mir: »Lache! Behalte dir deine Leichtigkeit!«*

*Auch in der Höllenwoche wollte ich diese mentale Stütze für mich nutzen. Der Ausbilder aber schaute mich an und sagte: »Was haben wir denn da? Eine lustige Fratze?« »Ja, scho'!« antwortete ich mit einem etwas süffisanten Unterton. Damit hatte ich gegen Grundregel Nummer 1 verstoßen: Mund halten, es sei*

*denn, man wird gefragt. »Aufstehen! Sofort! Sie werden jetzt mitansehen, wie
alle andere wegen Ihnen Liegestützen machen!« Während meine Kameraden
dabei waren, Liegestützen zu machen, brüllte er mich wieder an: »Zu diesem
Baum! Zehn Mal hin und her! Im Sprint! Ausführen!« Nachdem ich zehn Mal
zu einem etwa zwanzig Meter entfernten Baum gesprintet war, kam ich vollkommen außer Atem wieder bei der Gruppe an. »Sie sorgen jetzt dafür, dass
der Smiley von Ihrer Hand verschwindet. Jetzt!«*

*Liebend gerne hätte ich ihm widersprochen und dafür als Strafe auch den ganzen
Tag Liegestützen in Kauf genommen, aber als ich merkte, dass meine Kameraden
wegen mir leiden mussten, entfernte ich den Smiley, ohne ein Wort zu sagen.
Ich sah dem Ausbilder direkt in die Augen, woraufhin er mich wieder anschrie:
»Suchen Sie Augenkontakt?« Ich stand einfach nur da, wendete meinen Blick
mit einem kleinen Grinsen auf den Lippen wieder von ihm ab und dachte mir
dabei nur: »Du kannst mich anschreien, bis dir deine Stimmbänder reißen und
es wird mich nie stören! Du kannst mir alles nehmen, aber mein Lachen wirst
du mir niemals nehmen!«*

*Im Laufe der nächsten eineinhalb Stunden wurde nach und nach einer nach
dem anderen von einem zweiten Ausbilder abtransportiert. Am Ende standen
tatsächlich nur noch der erste Ausbilder und ich dort auf dem Übungsplatz.
Bei den ganzen Übungen hatte er natürlich bemerkt, dass ich ausdauermäßig
ganz gut drauf war, und somit ließ er mich im Slalom um die Bäume über den
gesamten Platz laufen. Eine Runde, zwei Runden, drei Runden, vier Runden.
Meine Lunge brannte bei jedem Atemzug, und meine Beine wurden schwer wie
Blei. Jedes Mal, wenn ich an ihm vorbeilief, hörte ich nur: »Geben Sie endlich Gas!« Doch anstatt irgendwann ins Zweifeln zu geraten, breitete sich eine
innere Ruhe in meinem Kopf aus und ich hatte nur einen einzigen Gedanken:
»Du wirst mich niemals brechen. Ich lauf dir auf dieser Scheißwiese so lange um
die Bäume herum, wie du möchtest!« Jedes Mal, wenn ich hinter einem Baum
rumlief, hängte ich, wenn auch nur für wenige Sekunden und auch wenn mir
nicht danach war, meine Zähne kurz zum Trocknen raus. Ich lachte einfach!*

*Auch an den folgenden Tagen sollte uns dieser raue Umgangston ständig beglei-
ten, ob bei den Übungen selbst oder in Verhören, in denen wir von drei Aus-*

*bildern gleichzeitig in die Mangel genommen wurden. Egal, wie viel Mühe wir
uns gegeben oder wie gut wir die Aufgabe gemeistert hatten, sie versuchten immer
wieder aufs Neue, uns platt zu machen. Aber so wie die Ausbilder ihr Spiel
spielten, so spielte ich auch meines. Mein persönliches Ziel war, dem Ausbilder
am Ende des Tages, an dem er unausgesetzt versucht hatte, uns körperlich und
vor allem auch mental zu brechen, ins Gesicht zu schauen. Er sollte in meinen
Augen sehen, dass ich bereit war, das Ganze hier noch viel länger zu ertragen,
als er sich das vorstellen konnte. Er sollte sich in der Nacht, wenn er zu Hause
in seinem warmen Bett lag, nachdem er eine warme Mahlzeit gegessen hatte,
schlechter fühlen als ich, der sich zusammen mit den anderen dort draußen im
Wald bei Regen, Kälte und ohne Essen den Arsch abfror. Er sollte spüren, dass
er mich niemals brechen würde.*

## Spitzenleistung mit Leichtigkeit

Im deutschsprachigen Raum existiert ein Satz, der meist gut gemeint ist, aber
für viele Kinder zur traurigen Realität wird. Ein Satz von der pädagogischen
Qualität und Reichweite einer saftigen »Watschn«. Ein Satz, der richtungs-
weisend wird. Seit Generationen wird dieser Satz bei der Einschulung an
die Kinder weitergegeben: »Jetzt beginnt der Ernst des Lebens.« Er leitet
das Ende des unbeschwerten Spielens ein und macht unmissverständlich
klar, dass ab sofort andere Regeln gelten! Viele Erwachsene gelangten damit irgendwann zu der Überzeugung, dass Arbeit, Lernen oder das Leben
im Generellen mit Spiel und Spaß nicht vereinbar sind. Sie können sich
schlicht und ergreifend nicht vorstellen, dem Ernst des Lebens mit Spaß
und Leichtigkeit zu begegnen. Dabei macht Leichtigkeit das Leben nicht
nur lebenswerter, sondern ist elementare Voraussetzung dafür, sein Potenzial
und seine Persönlichkeit ein Leben lang zu entwickeln. Spitzenleistung in
der Wissenschaft, der Wirtschaft oder im Sport ist nur dann möglich, wenn
die Menschen neben der reinen Leistung auch mit Spaß und Leichtigkeit
bei der Sache sind.

Schon Albert Einstein sagte einmal in diesem Zusammenhang: »Ich habe keine besondere Begabung, sondern bin nur leidenschaftlich neugierig.« Für das in Südafrika geborene Multigenie Elon Musk ist der Spaß und die Freude an der Entwicklung noch nie dagewesener Technologien ein entscheidender Antriebsgrund. Und auch der vermutlich beste Fußballer der Welt, Lionel Messi, beschreibt das Thema Leichtigkeit so: »Ein Junge, ja, das möchte ich weiter sein. Ein Junge, der unbeschwert dem Ball hinterherläuft.«

Doch nicht nur, wenn es um Spitzenleistung geht, kommt man mit der nötigen Portion Gelassenheit und Leichtigkeit weiter. Auf dem ärmsten Kontinent der Welt, Afrika, gaben 2014 bei einer Befragung 83 Prozent (!) der Menschen an, dass sie zufrieden seien. Wie kann es sein, dass Menschen, die vom Leben auf häufig brutale Weise gebeutelt werden, ihre Lebensenergie und ihre Leichtigkeit nicht verlieren? Vielleicht, weil sie den Herausforderungen und Aufgaben des Lebens in die Augen blicken und sagen: »Egal, was passiert. Du wirst mir niemals mein Lachen nehmen!« Oder vielleicht folgen sie auch einfach nur dem alten Sprichwort aus Uganda: »Die billigste Art, sein Aussehen zu verbessern, ist es, ein Lächeln zu tragen.« Vielleicht ist es schlicht die Tatsache, dass ein Mensch mit Leichtigkeit und Gelassenheit niemals gebrochen werden kann!

Ob für Spitzenleistungen oder im Umgang mit Krisen, wir brauchen die Leichtigkeit, um die lähmende Angst zu verlieren und das Leben mit der nötigen Portion Gelassenheit und Freude zu meistern.

# " Wenn Du...

mit Leichtigkeit durchs Leben gehen möchtest, dann häng Deine Zähne zum Trocknen raus.

"

# 12. Stress – Drück aufs Gas!

*Nach einer fürchterlichen Nacht wurden wir wieder mit dem Bus abtransportiert, und zwar mit verbundenen Augen und bedeckten Ohren. Der massive Schlaf- und Essensentzug sowie die Tatsache, dass wir nicht wussten, was auf uns zukommt, erhöhten den psychischen Stress zusätzlich. Am Zielort angekommen, wurden wir nach und nach im Abstand von fünf Minuten aus dem Auto ausgeladen. Da ich als Letzter an der Reihe war, verbrachte ich noch etwa zwanzig Minuten im Auto, bevor es für mich losging.*

*Wie auch schon in den Tagen zuvor, blieb das Stresslevel immer sehr weit oben, da wir nie einschätzen konnten, was als Nächstes passieren und wie lange das Ganze dann dauern würde. Alles, was wir wussten, war, dass es wehtun würde. Auch wenn an Schlaf kaum zu denken war, versuchte ich, in den Phasen, in denen gerade keine Challenge zu absolvieren war, meinen Körper und Geist so gut wie möglich aus der Stresssituation herauszuholen. Dafür gibt es unter anderem gezielte Strategien aus der Sportpsychologie, wie beispielsweise die »Schleuse« oder die Selbstgesprächsregulation. Die »Schleuse« ist eine Möglichkeit der Stresssteuerung, bei der man den Übergang von der einen in die andere Tätigkeit nutzt, um seine Gedanken in ein komplett anderes Fahrwasser zu bringen und kurzzeitig abzuschalten. Hierfür boten sich kurze Ruhepausen im Lager oder auch die Fahrten im Bus ganz gut an. Bei der Selbstgesprächsregulation werden gezielte Monologe eingesetzt, laut oder leise, um beispielsweise seinen Fokus zu verändern oder die Anspannung und den Stress zu regulieren.*

*Irgendwann war ich dann an der Reihe. Von einem Parkplatz aus, der direkt an ein Waldgebiet grenzte, musste ich etwa zwanzig Meter bis zum Ausbilder gehen. Ich versuchte, meinen Stress zu regulieren und so kam es, dass ein kleines Schmunzeln über mein Gesicht flog. Das passierte am dritten Tag, und eigentlich gab es bis dahin wenig zu schmunzeln. Beim Ausbilder angekommen, wurde ich mit den Worten empfangen: »Sie können noch lachen?«, worauf ich mit einem entspannten »Klar! Warum nicht?« antwortete. Allein die Tatsache, dass ich den Ausbildern durch mein äußeres Auftreten das Gefühl vermitteln* konnte »Scheiße, der ist nicht kaputtzukriegen« sorgte bei mir für zusätzliche Entspannung und Genugtuung.

Vor mir lag nun die vorletzte Aufgabe der Höllenwoche. Auf einer Wanderkarte wurde uns der Start- und Zielpunkt gezeigt. Nun hatten wir fünf Minuten Zeit, uns die etwa vier Kilometer lange Strecke einzuprägen und grob auf einem weißen Blatt Papier zu skizzieren. Danach ging es mit voller Montur durch den Wald. Von den verbliebenen vier Personen sollten die langsamsten zwei ausscheiden. Massive körperliche und mentale Vorermüdung, Hunger, Schlafentzug – und dann eine solche K.O.-Aufgabe, bei der sowohl Ausdauer als auch Konzentration gefragt waren. Schritt für Schritt arbeitete ich mich auf der Wanderkarte voran und versuchte, einen geeigneten Weg ausfindig zu machen und auf meinem Blatt zu skizzieren. In aller Ruhe und noch vor Ablauf der Zeit war ich davon überzeugt, die richtige Strecke ausgewählt zu haben.

Nun ging es im Laufschritt durch den Wald, wobei ich hier strukturiert nach und nach alle Punkte meiner Skizze abarbeitete. Jedes Mal, wenn ich mir absolut sicher war, dass ich auf dem richtigen Weg war, versuchte ich, auf der Strecke zwischen zwei Punkten mein Tempo zu erhöhen. Klar war das extrem anstrengend, aber ich wusste, ich hatte wieder einen Streckenabschnitt abgearbeitet und war so dem Ziel etwas näher gekommen, und das gab mir vor allem mental einen Aufschwung. So hangelte ich mich, begleitet von einem erhöhten Stresslevel, Punkt für Punkt nach vorne. Nach ziemlich genau 24 Minuten kam ich mit ausreichend Vorsprung oben auf dem Aussichtshügel an. Der Stress war mir dabei kein Hindernis, ganz im Gegenteil. Er sorgte für die Anspannung, die nötig war, um wirklich voll konzentriert bei der Sache zu bleiben. Auch hier gab es für mich wieder ein ganz wichtiges Learning, auch wenn ich mir dessen schon vorher bewusst war: Stress ist gut, wenn ich ihn kontrolliere.

## Stressresistenz trainieren

In den letzten Jahren ist die Zahl der Burnout-Erkrankungen fast sprunghaft angestiegen. Das Thema Stressprävention und -bewältigung ist in aller Munde. Hier noch ein Yogakurs, da noch schnell eine Meditations-CD und nicht zu vergessen natürlich die Morgenroutine, um entspannt in den Tag zu starten. Entschleunigung ist das große Stichwort! Ehrlich gesagt, erschließt sich für mich nicht ganz, wieso nach man nach acht Stunden Schlaf eine Entspannungseinheit einlegen muss, aber vielleicht muss ich das auch nicht verstehen. Die meisten Menschen kommen vor lauter Entschleunigung gar nicht mehr dazu, ihr Leben auf den Beschleunigungsstreifen zu bringen. Sie würden zwar gerne nach vorne, geben aber kein Gas. Sie fahren mit Standgas auf der linken Spur.

Vielleicht denkst Du Dir jetzt: »Aber es gibt doch auch wissenschaftliche Erkenntnisse zum Thema Stressverhalten.« Ja, die gibt es in der Tat, und die Forschung in diesem Bereich kommt zum selben Ergebnis: Dauerhafte Stressvermeidung ist gesundheitsschädlich! Hans Selye, der Vater der modernen Stressforschung, unterschied bereits Mitte des 20. Jahrhunderts zwischen positivem und negativem Stress und stellte fest, dass eine gewisse Dosis an Stress dafür sorgt, dass wir wachsen, stärker werden und uns entwickeln. Man gewöhnt sich nach und nach daran, sodass wir gegen immer größere Portionen Stress resistent werden. Tatsächlich hält dieser Stress uns fit und gesund.

Das Team von Alia Crum, einer Psychologin an der Stanford University, konnte zudem feststellen, dass die Bewertung der Stressoren ausschlaggebend für die körperliche Stressreaktion ist. So zeigte der so genannte »Mindset-Effekt«, dass die Einschätzung, es mit einem guten Stress zu tun zu haben, zu einer deutlich reduzierteren Cortisol-Ausschüttung im Körper führte. So war für mich beispielsweise der wummernde Herzschlag, als ich unter Druck die Landkarte lesen musste, ein durchaus positives Zeichen. »Mein Körper hilft mir gerade, diese Aufgabe bestmöglich zu meistern.«

Nein, es geht nicht darum, sich jede erdenkliche Situation schönzureden, aber wenn ich mich an der Supermarktkasse so aufrege, dass das Überdruckventil am Schädel schon pfeift, weil es mir nicht schnell genug geht, dann hilft mir die Entspannungs-CD auch nicht mehr. Die kleinen Dinge des Alltags, die scheinbar unbedeutenden Situationen im Leben, kann man eben so oder so sehen. Ich bin absolut kein Freund eines übertriebenen positiven Denkens, aber ich halte viel davon, Dinge, die ich nicht ändern kann, dennoch bewusst positiv zu sehen. Ja, bewusst. Denn auch ich ärgere mich im ersten Moment an der Kasse, aber spätestens im zweiten Moment wird mir klar, dass ich mir mein Wohlbefinden sicherlich nicht durch so eine kleine, absolut unbedeutende Situation verschlechtern lasse.

## Was wirklich gegen Stress hilft

Wer also nicht wenigstens hin und wieder ein etwas stressiges Leben hat, verpasst nicht nur den Kick der Adrenalin-Schübe und die lebendigen Momente. Er verlernt zudem den richtigen Umgang mit Belastung. In unserem Leben wird es zwangsläufig immer mal wieder stressige Momente geben. Es geht nicht darum, Stress gänzlich zu vermeiden, sondern um den richtigen Umgang damit – und dabei sind ein paar Faktoren ganz entscheidend.

So hat der Forscher Aaron Antonovsky beispielsweise herausgefunden, dass wir stressreiche Situationen, wie beispielsweise eine Trennung, besser verarbeiten können, wenn es uns gelingt, der Situation in unserer Lebensgeschichte einen Sinn zu verleihen. Und auch in scheinbar banalen Tätigkeiten im Job spielt der Sinn eine große Rolle. Wenn man seine Arbeit als sinnlos empfindet und dadurch eine große Stressbelastung erfährt, dann ist es vollkommen egal, ob man auf einem Pezziball hockt oder einen Entspannungstee trinkt. Der Stress wird vor allem langfristig gefährlich!

Daher sind viele Maßnahmen im Bereich der betrieblichen Gesundheitsförderung lediglich eine Symptom-, aber selten eine Ursachenbekämpfung. Wir müssen die Arbeits- und Stresskultur verändern! Ob man nun einen verstellbaren Schreibtisch hat oder nicht, ist dabei nebensächlich. Das ist genauso, als käme man mit Bluthochdruckproblemen zum Arzt und dieser verschreibt einem nur Blutdrucksenker, statt darauf hinzuweisen, dass eine Gewichtsabnahme oder/und Bewegung das Problem stark reduzieren oder sogar lösen könnten. Viele Vorträge und Bücher möchten den Menschen dabei helfen, ein sinnerfülltes Arbeits- und Privatleben zu führen, und das hat nichts mit Esoterik zu tun. Vielmehr handelt es sich hier um knallharte Fakten aus den neuesten wissenschaftlichen Forschungen.

Viele Unternehmen fordern immer mehr und immer schnellere Leistung von ihren Mitarbeitern. Gleichzeitig versuchen die Arbeitnehmer, mit Hilfe irgendwelcher Stressbewältigungsstrategien der Belastung Herr zu werden. Und diese Kombination hat inzwischen dazu geführt, dass Arbeit als Belastung wahrgenommen wird. Dabei geht jedoch ein ganz entscheidender Faktor verlorenen: der Sinn in dem, was man tut. Auf die Frage, warum man denn zur Arbeit geht, bekommt man dann leider meist nur zu hören, dass man seinen Lebensunterhalt verdienen muss. Das mag schon stimmen, aber gerade in der heutigen Zeit brauchen wir den Sinn in unserem Tun, um langfristig nicht nur eine gute Arbeitsleistung zu erbringen, sondern vor allem ein erfülltes Arbeitsleben zu führen.

Das eigentliche Ziel wirklich jeder Arbeit ist es, das Leben eines anderen Menschen auf irgendeine Weise besser zu machen. Der Arzt verhilft Menschen wieder zu mehr Lebensqualität. Der Autobauer sorgt dafür, dass Menschen mit ihrem neuen Auto Spaß haben können. Und der Müllmann trägt dazu bei, dass Menschen durch schöne Straßen schlendern können, ohne im Dreck zu ersticken. Es macht einen Unterschied, ob ich das Gefühl habe, nur einen dreckigen Besen in der Hand zu halten – oder ob ich mit dem Gefühl arbeite, dass ich derjenige bin, der dafür sorgt, dass jede Woche tausende Menschen in einer sauberen Innenstadt ihre Zeit genießen können. Wer es schafft, den Menschen, die ihm folgen, Sinn zu vermitteln, braucht sich um den Stress keine Gedanken mehr zu machen.

## Dem Geist Ruhe schenken

Neben dem Sinn ist für einen angemessenen Umgang mit Stress vor allem das richtige Verhältnis von Belastung und Entlastung entscheidend. Unabhängig davon, wie gut der Stress sein mag, auf lange Sicht ist er dennoch gesundheitsschädlich, wenn man nicht die richtigen Ruhephasen einlegt. Diese Ruhephasen betreffen dabei in den meisten Fällen den Geist. Denn unser Körper ist zu weitaus mehr in der Lage, als wir uns das vorstellen können. Viel entscheidender ist, ob sich unser Geist im richtigen Zustand befindet, und dafür ist in erster Linie auch ein qualitativ hochwertiges soziales Umfeld notwendig. Darum sollten wir uns stets gut kümmern!

So kann beispielsweise ein kurzer Spaziergang direkt nach der Arbeit, noch bevor man durch die Haustür tritt, dafür sorgen, dass man den Ärger über den Chef oder einen Arbeitskollegen nicht bei den Menschen ablädt, die einem am wichtigsten sind. Vielleicht kommt man stattdessen an der frischen Luft zu der Erkenntnis, dass der Ärger sich im Grunde gar nicht lohnt und dass vor allem die Liebsten am wenigsten dafür können. Im Endeffekt handelt es sich dabei um das »Schleusen-Konzept«, das ich weiter oben schon angesprochen habe: Spannungsregulation zwischen zwei »Welten« durch gezielte Ablenkung.

Ob wir »nur« ein erfülltes Leben führen oder großartige Dinge erreichen möchten – wir sollten endlich aufhören zu versuchen, den Stress aus unserem Leben zu verbannen und stattdessen damit beginnen, an den wirklich relevanten Stellschrauben zu drehen.

# Wenn Du...

**den Umgang mit
Stress lernen
möchtest, dann
drück aufs Gas!**

# 13. Akzeptanz – Lerne panierte Schnitzel zu lieben

*Die Ausbilder verlangten von uns nicht, dass wir unser Bestes gaben, nein! Sie verlangten von uns, alles zu geben. Gut war nicht gut genug, wenn es besser sein konnte, und besser war nicht gut genug, wenn es das Beste sein konnte. So sehr wir uns manchmal anstrengten, wie viel Mühe wir uns auch gaben, manchmal schien es, als würden wir es ihnen niemals recht machen können. Während unserer Wanderung mit dem Baumstamm, von der ich schon in Kapitel 6 berichtet habe, kamen wir nach etwa fünfzehn Minuten zu einer Zwischenprüfung. In einer fiktiven Gefechtssituation gerieten wir »unter Beschuss« und mussten unseren verwundeten Kameraden vom Schlachtfeld transportieren. Da wir ja »unter Beschuss« standen, mussten wir uns dazu ganz nah am Boden fortbewegen. Der »verletzte« Kamerad legte sich dazu auf den Rücken und der Helfer direkt auf der Seite liegend daneben. Mit einer Hand an der Taktikweste des Verletzten und der anderen Hand nach vorne ausgestreckt, um möglichst nah am Boden zu bleiben, musste diese Person nun über eine Strecke von 30 Metern gezogen werden. Aber das allein wäre wohl immer noch zu einfach gewesen. Nein, zusätzlich fand die Aufgabe in tiefem, feinem Sand statt. Natürlich versuchte ich, möglichst wenig Sand unter meine Kleidung und in meine Schuhe zu bekommen. Für den weiteren Fußmarsch wäre das Gift gewesen!*

*Sich in dieser Position im tiefen Sand fortzubewegen, war sehr mühselig. Ich fand kaum Halt, um mich abdrücken zu können, und in der bodennahen Position konnte ich zudem auch mein Körpergewicht nur sehr beschränkt richtig einsetzen. Pro Zug kam ich maximal zehn bis zwanzig Zentimeter weit, was dazu führte, dass ich bereits nach wenigen Metern meinen Puls an der Schläfe pochen spürte. Ich wusste nicht, wie ich meinen Kameraden auf diese Weise über die Strecke von 30 Metern schleppen sollte. Wir gaben alles, was wir hatten, aber die Ausbilder brüllten weiterhin auf uns ein. »Legen Sie einen Zahn zu! Das ist doch lächerlich, was Sie hier abliefern! Verfallen Sie ja nicht in Selbstmitleid!«*

*Doch damit nicht genug. Gerade in dem Moment, als ich meinen Kameraden ein Stück weitergezogen und dadurch meinen Kopf für zwei Sekunden auf dem Boden abgelegt hatte, schob mir ein Ausbilder mit seinem Fuß Sand ins Gesicht. Der Sand wurde uns ins Gesicht geworfen, unter die Hose und in die Schuhe manövriert. Durch die noch immer feuchte Kleidung und den Schweiß blieb der feine Sand am ganzen Körper haften. Man hätte diese Übung auch »Das panierte Schnitzel« nennen können. Es war schwer zu akzeptieren, dass das Beste, das wir gaben, immer noch nicht gut genug war. Es war schwer zu akzeptieren, dass niemand unsere Leistung würdigte, obwohl wir alles gegeben hatten. Und es war schwer zu akzeptieren, dass uns jemand Dreck in die Fresse warf, obwohl wir ohnehin schon nach Luft schnappend am Boden lagen.*

*Auch hier kamen wir alle vier wieder durch die Challenge, vor allem deswegen, weil wir irgendwann die Situation akzeptierten und unser Bestes gaben, anstatt uns in die Opferrolle zu begeben. Wir konnten an der Situation ohnehin nichts ändern.*

## Akzeptieren, was sich nicht ändern lässt

Vermutlich gab es noch nie in der gesamten Menschheitsgeschichte eine Zeit, in der sich so viele Dinge so schnell verändert haben, wie das aktuell der Fall ist. Der Fortschritt und die Entwicklung in den letzten zwanzig bis dreißig Jahren sind unglaublich, und es wird genauso weitergehen. In zwanzig Jahren wird es Dinge geben, die wir uns momentan noch nicht einmal in unseren Träumen vorstellen können. Vieles davon wird uns nutzen, anderes uns schaden, aber alles wird uns vor große Veränderungen stellen. So wie in der Wirtschaft und Gesellschaft wird es auch in unserem Leben ständig Veränderungen geben, ob wir das wollen oder nicht. Und jetzt musst Du Dich vielleicht kurz an Deinem Stuhl oder wo auch immer Du Dich befindest, festhalten: Unabhängig davon, wieviel Arbeit, Zeit, Mühe, Geld, Schweiß und Blut Du investierst, und egal, wie gut Du Dich vorbereitest und wie gut Deine Leistung ist – es wird Momente geben, in denen das alles nicht reichen wird. Du wirst als »paniertes Schnitzel« enden.

Im Grunde genommen hast Du zwei Möglichkeiten, mit so einer Situation umzugehen: Entweder Du akzeptierst oder resignierst. Entweder gehst Du in eine aktive oder in eine passive Haltung. Entweder Du wirst zum Kämpfer oder zum Opfer. Akzeptanz ist dabei nicht nur der wichtigste Schritt, um Veränderung überhaupt erst möglich zu machen. Zu akzeptieren, dass bestimmte Dinge so sind, wie sie sind, ist der erste Schritt in ein glückliches und vor allem selbstbestimmtes Leben! Ich wurde in meinem Leben von mehr Menschen abgewiesen als angenommen. Ja, das war verdammt schmerzhaft und ja, ich habe mich hin und wieder selbst bemitleidet und mich in die Opferrolle begeben. Doch ich hatte das große Glück, dass ich Menschen kennenlernen, aber auch bestimmte Situationen durchleben durfte, die mir klar gemacht haben, dass ein Leben in der Opferrolle niemals Fortschritt oder Zufriedenheit bedeuten wird. Akzeptieren hat dabei nichts mit Aufgeben zu tun. Akzeptieren bedeutet, sich einer Situation zu stellen, Lösungen zu suchen und zu lernen, wie man am besten mit der gegebenen Situation umgehen kann. Akzeptanz heißt, zu lösen, zu verbessern, zu respektieren und immer die positive Seite der Situation zu sehen. Es bedeutet, die Dinge so zu nehmen, wie sie sind, ohne sich aufzugeben, und nicht aufzuhören, nach Verbesserung und Fortschritt zu streben. Aufgeben bedeutet hingegen, dass man mit der unangenehmen Situation lebt, weil einem kein Gegenmittel einfällt.

Du hast schon zwanzig Bewerbungen geschrieben und nur Absagen erhalten? Du hast unzählige Frauen angesprochen, aber nur Körbe kassiert? Du hast in der Arbeit Dein Bestes gegeben und niemand hat es honoriert? Du wolltest Deinen Mitarbeitern das neue Projekt vorstellen, hast aber nur Gegenwind erhalten? Lerne Zurückweisung zu lieben! Verlasse die Opferfalle! Du bist kein Opfer, Du bist ein Kämpfer!

Sobald Du anfängst, gegebene Dinge zu akzeptieren, wirst Du spüren, wie Du nicht nur selbst gelassener durch Leben kommst, sondern wie andere Menschen auf einmal anfangen, Dir zu folgen. Menschen lieben es, sich an anderen zu orientieren, die mit Zuversicht und hochgekrempelten Ärmeln die Herausforderungen unserer Zeit in Angriff nehmen, anstatt sich ständig nur darüber zu beschweren, was und wer alles scheiße ist. Irgendwann wirst Du mit großer Zufriedenheit feststellen, dass es genau diese Akzeptanz war, die Dir dabei geholfen hat, mit der Situation umzugehen und den richtigen Zeitpunkt zu erkennen, etwas zu verändern. Und dann bist Du nicht mehr das Opfer, sondern der Macher Deines Lebens!

> ## „
>
> # Wenn Du...
>
> **etwas verändern möchtest, dann akzeptiere, dass Du manchmal als paniertes Schnitzel enden wirst, und mach einfach weiter!**
>
> „

# 14. Beharrlichkeit – Bleib stehen und hebe niemals Deine Hand!

*Ein beliebter Test, um die Teilnehmer einer Höllenwoche an ihre körperlichen und mentalen Grenzen zu bringen, ist der LKW-Lauf. Es war Mitte des zweiten Tages. Die Sonne stand hoch über uns am Himmel und brannte erbarmungslos auf uns herunter. In einer Reihe aufgereiht standen wir in voller Montur hinter einem LKW auf einer Straße. Der LKW fuhr nun in einem bestimmten Tempo einen etwa 500 Meter langen und circa fünf Prozent steilen Berg nach oben, während zwei Ausbilder schwere und unhandliche Gegenstände von der Ladefläche warfen. Unsere Aufgabe war es nun, diese Gegenstände einzusammeln und wieder zurück auf die Ladefläche zu werfen. Wir nahmen langsam unsere Position ein. An unserer Körperhaltung und unserem Gesichtsausdruck konnte man nur erahnen, wie uns die zurückliegenden 30 Stunden zugesetzt hatten. Der Lastwagen setzte sich langsam in Bewegung. Die ersten Gegenstände flogen von der Laderampe. Ein Autoreifen … ein Stuhl … ein Holzbalken … noch ein Autoreifen … nochmal zwei Autoreifen.*

*Nach 50 Metern waren wir alle nahe an unserem Maximalpuls. Die Muskeln brannten, und in der schweren Montur kam ich mir bei der Hitze vor wie eine Forelle, die in Alufolie im Ofen gegart wird. Etwa fünf Minuten später waren wir oben am Berg angelangt. Wir stellten uns in einer Reihe auf und waren froh und erleichtert, es geschafft zu haben. »Umdrehen, abwärts das Gleiche!« brüllte uns ein Ausbilder entgegen. Also liefen wir den Berg wieder nach unten, während wir die Gegenstände einsammelten – in doppeltem Tempo, versteht sich. Zwei bis drei Minuten später hatten wir es endlich geschafft und waren wieder unten angekommen. Doch keine 30 Sekunden später schallte uns erneut entgegen: »Umdrehen, nochmal nach oben!« Hätten wir Luft gehabt, so hätten wir uns gegenseitig gefragt, wie das funktionieren soll. So dachten wir es uns eben nur.*

*Wieder ging es qualvolle fünf Minuten im Laufschritt den Berg nach oben. Hin und wieder kam es vor, dass einer von uns etwas ins Straucheln kam, sodass* ein anderer wieder zurücklief, um ihm zu helfen. Die schweren Bergschuhe schienen förmlich auf der Straße zu kleben, und unser Atmen und Stöhnen war bald lauter als der Motor des LKW. Als wir uns oben angekommen wieder aufreihten, realisierte ich, dass die einzige noch verbliebene Frau neben mir zu hyperventilieren begann. Obwohl ich selbst kaum noch Luft bekam, sagte ich zu ihr: »Bleib stehen! Egal, was passiert und wenn wir da nochmal runter müssen. Du bleibst jetzt stehen! Du gibst nicht auf!« Vermutlich war das im Grunde auch eine Message an mich selbst. Der Ausbilder blickte uns ins Gesicht, während er einen Schluck aus einer Wasserflasche nahm und den Rest vor unseren Augen auf die Straße schüttete. »Wollen Sie aufgeben? Alles, was Sie tun müssen, ist, Ihre Hand zu heben und nach vorne zu treten!« Doch in meinem Kopf war nur ein einziger Satz: »Bleib stehen!«

Es kam, wie es kommen musste: Wieder ging es im Laufschritt nach unten. Endlich hatten wir es geschafft. Die Leiden waren vorbei! »Umdrehen! Hoch da!« Wir sahen uns kurz an. Man wusste nicht, ob es ein Blick der Verzweiflung oder des Kampfes war. Ein kurzes Nicken und wir wussten: Ja, wir bekommen das hin! Das Spiel begann von vorne. Dieselben Gegenstände, dieselbe Geschwindigkeit. Als ich gerade dabei war, zwei Autoreifen aufzunehmen, kam ich etwas aus dem Tritt. Sofort entfernte sich der LKW mehrere Meter von mir. Die Muskeln brannten, der Schweiß lief mir in Strömen von der Stirn, und mein Herzkreislaufsystem war am Anschlag.

Da ich mich sowohl beruflich als auch in meiner Freizeit viel mit dem menschlichen Körper und Geist beschäftige, wusste ich natürlich auch, dass der Körper gerade einmal bei circa 50 bis 60 Prozent der maximalen Leistungsfähigkeit ist, wenn man das Gefühl hat, man fällt in der nächsten Sekunde um. Dennoch kam mir für einen kurzen Moment der Gedanke in den Kopf, dass es unmöglich war, mit diesen beiden Reifen in der Hand wieder Anschluss zum LKW zu finden. Doch ich hatte den Gedanken noch nicht zu Ende gedacht, da rief eine andere Stimme in mir: »Lauf!« Ich richtete meinen Blick nach vorne, fixierte mit meinen Augen die Ausbilder auf dem LKW und sprintete los, mit allem, was ich hatte. Ich habe heute keinen blassen Schimmer mehr, wie ich es schaffte, aber die Reifen landeten auf der Ladefläche.

*Oben angekommen, hatte ich große Mühe, nicht zusammenzusacken, aber in meinem Kopf sagte ich mir immer und immer wieder dieselben zwei Wörter: »Bleib stehen!« Ich hätte einfach nur meine Hand heben und nach vorne treten müssen. Einmal die Hand heben und ich wäre von der Quälerei erlöst gewesen. Kein Laufen mehr. Kein kaltes Wasser. Keine qualvollen Nächte mehr, in denen man nicht wusste, was als Nächstes auf einen zukommt. Am Ende standen wir alle vier da, und keiner hatte aufgegeben!*

## Wenn's unangenehm wird, geht's voran

Vielleicht denkst Du Dir jetzt, wie viele andere auch: »Das ist doch verrückt! Warum tut man sich solche Schmerzen an? Muss der Schmerz denn sein?« Ja, das muss er! Mit Schmerz umzugehen, hilft uns nicht nur, an Schicksalsschlägen, die zwangsläufig auf jeden von uns zukommen werden, nicht zu zerbrechen. Schmerz ist zudem die schnellste und gleichzeitig die beste Methode, um sich wirklich zu entwickeln. Glaubst Du nicht? Wie lernt ein Kind laufen? Durch Schmerz, den es spürt, wenn es hinfällt. Wie entwickeln wir unsere Fähigkeiten in einer Beziehung? Durch den Schmerz einer zerbrochenen Beziehung. Wie entwickeln wir uns im Job? Durch den Schmerz, den beispielsweise ein großer finanzieller Verlust verursacht hat.

Wer Fortschritt und Entwicklung möchte, muss durch den Schmerz hindurch. Daran führt kein Weg vorbei, und niemand anders kann diese Erfahrung an uns weitergeben. Zwar ist es angenehmer, die Erfahrungen und Lebensweisheiten von anderen Menschen zu erfahren. Es ist angenehm, sich in einem Seminar erzählen zu lassen, wie Motivation funktioniert. Es ist angenehm, ein Buch darüber zu lesen, wie man es schafft, niemals aufzugeben. Aber wenn Du es nicht selbst durchlebt hast, wird da auch keine Entwicklung stattfinden. Erst wenn es unangenehm wird, geht es wirklich vorwärts. Das ist vielleicht auch der Grund dafür, warum wenige Jahre nach unserem Schulabschluss nur noch ein bis fünf Prozent dessen, was wir gelernt haben, vorhanden ist. Wir haben es einfach nicht erlebt! Weder durch Schmerz oder sonstige Erfahrungen. Was ist die logische Konsequenz? Richtig, man presst die Schüler noch schneller durch das System, nur damit dann wenig später junge Erwachsene auf dem Arbeitsmarkt landen, die weder Fach- noch Umsetzungskompetenz besitzen. Herzlichen Glückwunsch!

Ich habe mir diese Qualen niemals angetan, um irgendwann zu einer Eliteeinheit zu gehören. Ich habe mir diese Qualen angetan, um meinen Geist zu trainieren und ihm zu sagen: »Scheißegal, was jemals auf Dich zukommen wird, du bleibst stehen!« Ich trainiere und leide nicht für irgendeinen Wettkampf. Das habe ich weder beim Triathlon noch in der Höllenwoche gemacht. Ich trainiere und leide fürs Leben. Ich trainiere und leide, um aus mir einen besseren Menschen zu machen. Denn mich den Schmerzen und Leiden auszusetzen, hat mich nicht nur zu dem Menschen gemacht, der ich heute bin. Sondern es hat dafür gesorgt, dass ich überhaupt noch bin.


## *Der Schlüssel zum persönlichen Wachstum: keine Abkürzungen*


Wird man scheitern, wenn man sich entwickeln möchte? Ja, das wird man regelmäßig. Aber es gibt weitaus mehr Menschen, die vorher aufgeben oder nie anfangen, als solche, die real scheitern. Selbst wenn Du scheiterst und kurzfristig am Boden liegst, ist es vielleicht gar nicht so schlecht, dort zu liegen. Vielleicht ist dieser Boden eine sehr gute Basis, neue Dinge aufzubauen. Vielleicht ist es gut, gerade auf diesem Boden zu wachsen. Aber eines ist klar: Wo auch immer Du gerade liegst, jedes Mal, wenn Du dabei bist, Dich von unten wieder aufzurappeln, wird ein neuer, großartiger Teil Deiner Persönlichkeit freigelegt. Auch wenn Du manchmal vielleicht keinen Grund mehr findest, warum es sich lohnt, weiterzukämpfen, dann sind es vielleicht genau diese zwei banalen Worte, die Dich am Leben halten: Bleib stehen!

Eine Höllenwoche hört sich nach einer brutalen körperlichen Herausforderung an, nach dem Schlimmsten, was man seinem Körper nur antun kann.

Das mag sein, aber dennoch ist das Ziel all dieser Challenges nicht etwa, herauszufinden, wie stark Dein Körper ist, sondern wie stark Dein Geist ist, und ob Du bereit bist, für dieses wunderbare Leben, das auf der anderen Seite der Tür auf Dich wartet, zu leiden.

Ob Du abnehmen, fitter werden, Dich in einem bestimmten Bereich weiterbilden oder vielleicht sogar das Leben anderer Menschen positiv beeinflussen möchtest – Du wirst diese Schmerzen ertragen müssen. Keine Wunderpille, keine Abkürzungen, keine Ausreden! Hört sich anstrengend an? Ja, aber wenn Du Dir einmal bewusst gemacht hast, dass Schmerzen nicht Dein Feind sind, sondern der Schlüssel zu Deinem persönlichen Wachstum, dann wirst Du in Zukunft Herausforderungen, egal wie groß sie auch sein mögen, anders in Angriff nehmen, als Du es bisher getan hast.

# Wenn Du...

Dich entwickeln möchtest,
dann bleib stehen und
hebe niemals, wirklich
niemals, die Hand!

# 15. Hilfsbereitschaft – Hilf mit, sonst erschlägt Dich Klaus

*Nachdem wir die ersten Aufgaben an Tag 1 hinter uns gebracht hatten, wurden wir in einem Bus in ein etwa 20 Minuten entferntes Waldgebiet gefahren. Zu diesem Zeitpunkt waren wir bereits nur noch zu neunt. Nach ein paar Minuten Fußmarsch blieben wir auf einmal mitten im Wald stehen und der Ausbilder erklärte uns: »Sie haben einen Kameraden verloren. Das müssen wir ausgleichen! Hinter Ihnen ist Klaus, Ihr neuer Kamerad. Behandeln Sie ihn sorgsam!« Wir drehten uns um, und hinter uns lag Klaus. Klaus war ein fünf Meter langer und etwa 400 Kilogramm schwerer Baumstamm.*

*»Aufnehmen!« Etwas ungestüm und mit großer Anstrengung versuchten wir, den Koloss auf unsere Schultern zu hieven. Obwohl wir zu neunt waren, hatten wir so unsere liebe Mühe, überhaupt aufrecht stehen zu bleiben. »Marsch, Marsch!« Die Ausbilder forderten uns auf, ihnen zu folgen. In dem extrem unwegsamen Gelände und auf den teilweise stark ausgespülten Wegen kamen wir nur sehr schleppend vorwärts. Doch wie konnte es anders sein: Auch in dieser Phase, in der wir ohnehin schon am Limit waren, kam eine weitere Aufgabe hinzu. In regelmäßigen Abständen mussten wir den Baumstamm über unseren Köpfen auf die andere Schulter befördern. Je nach Lust und Laune ließen die Ausbilder uns dabei den Stamm auch direkt über unseren Köpfen tragen, so lange bis unsere Arme nachgaben und die 400 Kilogramm mehr und mehr unsere Helme eindrückten. An einer steilen Stelle kam unser Trupp ins Stocken, und sofort wurden wir von einem Ausbilder darauf aufmerksam gemacht. »Legen Sie einen Zahn zu. Sie haben jetzt für den ersten Kilometer fast eine Stunde gebraucht. Wie wollen Sie so die zehn Kilometer, die noch vor uns liegen, schaffen, bevor es dunkel wird?«*

*Zehn Kilometer? Wieder kam die Frage: Wie soll das funktionieren? Aber eigentlich blieb uns gar nicht viel Zeit darüber nachzudenken. Je schwerer unsere Arme, je blutiger unsere Schultern wurden, desto deutlicher zeigte sich, wie wichtig die richtige Verteilung der Personen unter dem Stamm war. Da der*

Stamm hinten am schwersten war, hätten wir uns sinnvollerweise so verteilt, dass die größten und kräftigsten hinten gehen und dann absteigend nach vorne die Kleineren. Leider waren wir ziemlich durchgemischt, was die Sache deutlich erschwerte. So lag der Baum bei manchen kaum auf der Schulter auf, andere erdrückte er fast.

Natürlich entging das auch den Ausbildern nicht, sodass es nicht lange dauerte, bis wir von hinten eine laute Stimme hörten. »Stopp! Da Sie es scheinbar nicht hinbekommen, als Team zusammenzuarbeiten, machen wir es anders. Sie« – er deutete dabei auf die einzige Frau in der Gruppe – »tragen jetzt ihn« – er deutete auf einen Mann aus der Gruppe – »huckepack den Berg nach oben. Die anderen tragen den Stamm nur noch zu siebt weiter.«

Der Stamm war ohnehin kaum noch zu handeln, aber wenn dann auch noch ein oder zwei Personen kurzzeitig nicht die volle Last auf den Schultern trugen, wurde es für die anderen fast unmöglich, sich von der Stelle zu bewegen. Wenn jemand sah, dass ein anderer – auch unabsichtlich – falsch positioniert war, dann war es seine Pflicht ihm zu zeigen, wo er sich besser platzieren konnte. Wenn sich das Gewicht an einer starken Steigung nach hinten verlagerte und somit die Personen am Ende des Stammes zusammenzubrechen drohten, so war es die Pflicht der anderen, hinten auszuhelfen. Wenn alle Personen an der richtigen Stelle waren und jeder die für ihn erträgliche Last auf den Schultern hatte, dann war es für alle ein machbares Unterfangen. Aber waren auch nur zwei Leute nicht an der richtigen Stelle und trugen somit nichts oder nur sehr wenig, dann wäre es nur eine Frage der Zeit gewesen, bis Klaus uns alle erschlug. Dabei ging es nie um irgendwelche Schuldzuweisungen, wer nicht seinen Teil der Last trug, sondern um die Pflicht, einander zu helfen, wenn man konnte.

## Die Mär von der faulen Generation Y

Wir leben in einer Zeit, in der uns immer mehr das Gefühl beschleicht, dass jeder nur noch auf sich selbst schaut, getreu dem Motto »Alle schauen auf sich, nur ich schau auf mich«. Eine Gruppe gerät dabei besonders unter Beschuss: die Generation Y. Faul, egoistisch und anspruchsvoll. Mit diesen Menschen geht die Welt zugrunde!

Aber Moment mal! Wurde diese Generation schon so geboren, oder hat sie sich in diese Richtung entwickelt? Zu Hause hat man diesen Menschen immer gesagt, dass sie ganz speziell sind und dass sie alles haben können, was sie wollen, einfach *weil* sie es wollen. In der Schule haben sie bessere Noten bekommen, nicht weil sie es verdient haben, sondern weil sich Mama oder Papa bei den Lehrern beschwert haben. Beim Sport haben sie eine Teilnehmerurkunde bekommen, eine Urkunde dafür, dass sie Letzter geworden sind.

Und dann, von jetzt auf gleich, schmeißt man Menschen aus der Schule in die wahre Welt. Auf einen Schlag erfahren sie, dass sie nicht speziell sind, dass ihnen ihre Mama keinen Ausbildungsplatz besorgen kann, dass sie nichts bekommen, nur weil sie es einfach wollen und dass sie nichts, absolut gar nichts dafür bekommen, wenn sie Letzter werden. Und plötzlich haben wir eine Generation, deren Selbstbild zerstört ist und die sich nun in eine fiktive Social-Media-Welt flüchtet, um diesen Schmerz zu betäuben. Sie wissen nicht, wie man tiefe Beziehungen aufbaut, sie wissen nicht, wie man für Sachen kämpft, die einem wichtig sind, und sie wissen auch nicht, wie und wo sie helfen sollen.

Woher denn auch? Niemand hat ihnen das je gezeigt, sondern ihnen wurde immer nur vorgeworfen, dass sie es eben nicht können. Dass beispielsweise Social Media eine Dopaminausschüttung verursachen und süchtig machen kann, ähnlich wie Alkohol und andere Drogen, ist längst bekannt. Social Media, die Likes und die Filter sind das Einzige, was dieser Generation noch Selbstwertgefühl gibt, wenn auch leider nur ein fiktives. Das ist alles bekannt, aber dennoch wird der Zugang dazu nicht beschränkt, weil es halt »einfach dazugehört.« Das ist, als wenn man einem Alkoholiker eine Falsche Wodka hinstellt und davon ausgeht, dass er schon wissen wird, wie er es sich einteilen muss. Aber das Schlimmste an dieser ganzen Thematik kommt noch: Denn die Generation Y hat das Gefühl, dass einzig und allein sie selbst schuld an der ganzen Sache sei. Aber das stimmt so eben nicht! Vielmehr geht es hier um das absolute Versagen guter Führung, ob zu Hause oder in den Unternehmen.

## Die Macht des ersten Schrittes

Wir lernen von Anfang an, dass wir uns immer auf jemand anders verlassen können. Am Anfang sind es die Lehrer, dann irgendwann die Kollegen bei der Arbeit, und im äußersten Fall wird sich schon die Kanzlerin darum kümmern. Viele sind zu Tastatur-Aktivisten mutiert. Sie posten den ganzen Tag, wie die Welt sein sollte, aber keiner setzt sich dafür ein, dass sich auch wirklich etwas verändert. Und von wem haben sie das gelernt? Von der vorherigen Generation, von denen viele auch nur rumnörgeln, ohne sich auch nur im Ansatz für eine Veränderung zu engagieren. Die Politiker sind so unfähig! Der Krieg im Nahen Osten ist so schlimm! Der Nachbar ist so ein Vollidiot! Ja, dann hilf doch selbst mal mit!

Liegt das Problem jetzt darin, dass wir nicht helfen wollen oder nicht helfen können? Grundsätzlich sind wir Menschen gut. Statistisch gesehen, ist maximal einer von Tausend wirklich böswillig, also ein Soziopath. Jetzt denkst Du Dir vielleicht: »Warum sind die dann alle bei mir im Unternehmen?«

Wie dem auch sei: Im Grunde genommen möchten wir helfen, aber wir brauchen einen Impuls, wir brauchen jemand, der es uns vormacht! In der Psychologie spricht man vom sogenannten Bystander-Effekt. Je mehr Leute um einen Umfallort herumstehen und zusehen, desto unwahrscheinlicher ist es, dass jemand hilft. Und dabei muss nur ein einziger Mensch anfangen. Auch in kleinen Dingen ist dies so. So hat man bei einem Straßenexperiment beispielsweise festgestellt, dass Menschen, die eine Person dabei beobachteten, wie diese für jemand anderen eine heruntergefallene Geldbörse aufhebt, sich dazu verpflichtet fühlten, bei der nächsten Gelegenheit auch zu helfen. Tatsächlich stieg die Wahrscheinlichkeit, dass sie in einer anderen Situation kurz darauf auch halfen, um das Fünffache an! Du glaubst, dass das bei der Menge an Menschen keinen großen Unterschied macht? Ein kleines gedankliches Experiment: Angenommen, zehn Personen sehen, wie eine Person einer anderen hilft. Von diesen zehn Personen helfen wiederum fünf am nächsten Tag einer Person und werden dabei ebenfalls von zehn Personen beobachtet, und so weiter. Bereits am fünften Tag hätten 400.000 Menschen anderen geholfen! Wir haben alle die Kraft und Stärke, anderen zu helfen! Und spätestens seit Spiderman sollten wir wissen, dass »aus großer Kraft große Verantwortung folgt.«

In meiner Arbeit im Rahmen der Projekte des SV ZUKUNFT helfen wir Kindern und Jugendlichen aus schwierigen sozialen Verhältnissen, in ein gelingendes Leben zu kommen. Zugegeben, manchmal sind auch Kinder dabei, bei denen ich mir im ersten Moment denke (sorry für den Ausdruck): »Was für ein Scheißkind!« Aber spätestens im zweiten Moment kommt mir der Gedanke: »Es ist deine Pflicht, auch diesen Kindern und Jugendlichen zu helfen!« Meistens gibt es nämlich nur zwei Gründe, warum sie sich so aufführen, wie sie es tun: Aufmerksamkeit und Anerkennung. Aufmerksamkeit und Anerkennung, die sie von anderen Menschen nie bekommen haben. Aufmerksamkeit und Anerkennung, die mir ebenfalls gefehlt haben und mich somit in den Augen anderer als »Scheißkind« haben erscheinen lassen.

Die Welt dreht sich immer schneller, und bestimmte Kulturen scheinen sich immer weiter voneinander zu entfernen. Doch trotz Digitalisierung oder Klimawandel oder irgendeiner anderen globalen Mega-Veränderung: Wir alle müssen den Baumstamm gemeinsam tragen. Jetzt mehr denn je! Wenn manche nicht mittragen können, dann ist es unsere Pflicht, unsere Kräfte so zu verteilen, dass wir es dennoch hinbekommen. Aber wenn nur die eine Hälfte trägt und die andere Hälfte zusieht oder nur eine Hand auf den Stamm legt und so tut, als würde sie sich beteiligen, dann ist es nur eine Frage der Zeit, bis Klaus uns alle erschlägt.

**Wenn Du...**

wirklich etwas
bewegen möchtest,
dann hilf mit,
Klaus zu tragen!

„

# 16. Bedeutsamkeit – Verändere die Welt!

*Die ersten 40 Stunden der Höllenwoche waren mittlerweile vorbei. Von den ursprünglichen zehn Teilnehmern waren nur noch vier übrig. Auch wenn wir das alles freiwillig machten und wussten, dass alles nur ein Spiel war, waren wir uns oft nicht mehr sicher, ob es wirklich nur das war. Nachdem wir den zweiten Tag hinter uns gebracht hatten, der mit Abstand der bis dahin körperlich anstrengendste war, wurden wir nach der letzten Aufgabe des Tages mit folgenden Worten ins Lager entlassen: »Nutzen Sie Ihre Zeit. Seien Sie wachsam und halten Sie sich jederzeit kampfbereit.«*

*Da wir bereits in der ersten Nacht bei der gespielten Gefangennahme aus dem Schlaf gerissen worden waren, gingen wir davon aus, dass die zweite Nacht noch wesentlich unangenehmer werden würde. Wir erwarteten, dass die Ausbilder uns diese Nacht tatsächlich zur Hölle machen würden. Nachdem wir unsere Kleidung notdürftig am Feuer getrocknet und ein bisschen etwas gegessen hatten, legten sich drei von uns zum Schlafen hin, während einer bei strömendem Regen Feuerwache hielt.*

*Ungefähr um zwei Uhr nachts, als ich gerade an der Reihe war mit der Nachtwache, erschien in der Dunkelheit ein Licht, das näher und näher kam. Sofort lief ich zu den anderen und riss sie aus dem Schlaf. »Aufwachen! Die Ausbilder kommen!« Innerhalb von nicht einmal zwei Minuten standen wir marschbereit mit voller Ausrüstung in unserem Bunker. Wir warteten und warteten, aber nichts passierte. Fünf Minuten vergingen, zehn, dann zwanzig Minuten. Wir waren fest davon überzeugt, dass es jede Minute so weit sein könnte und die Ausbilder im Wald gerade etwas vorbereiteten. Man konnte die Anspannung in der Gruppe förmlich spüren. Doch nach einer halben Stunde war noch immer nichts passiert, und so entschieden wir, uns wieder schlafen zu legen, dieses Mal jedoch nur zu zweit und in voller Montur, während die beiden anderen Nachtwache hielten.*

*Als ich gerade für ein paar Minuten eingeschlafen war, riss mich die Stimme meines Kameraden neben mir aus dem Schlaf. Auf die Frage hin, was los sei, bekam ich als Antwort: »Fuck! Ich hatte gerade heftige Alpträume. Es fühlt sich gerade nicht mehr nach Spiel an. Es fühlt sich absolut real an.« Ich konnte die Angst in seiner Stimme richtig spüren, aber ich wusste nicht sofort, was ich antworten sollte. Gleichzeitig war mir aber auch klar, dass er vermutlich aussteigen würde, wenn mir nichts Passendes einfiele. Die zurückliegenden Tage hatten uns vier extrem zusammengeschweißt. Jeder hatte für jeden gekämpft, und wir taten alles dafür, dass keiner von uns ausscheiden musste.*

*Aber jetzt war es mitten in der Nacht, stockdunkel, irgendwo in einem Wald bei strömendem Regen und niedrigen Temperaturen, und wir warteten darauf, dass uns die Ausbilder jeden Moment wieder aus der Nachtruhe reißen und mit irgendwelchen Aufgaben an unsere Grenzen führen würden. Ich kam mir irgendwie hilflos vor, denn schließlich konnte ich nicht einfach antworten: »Ist doch nur ein Spiel. Alles nicht so schlimm. Jetzt hab Dich mal nicht so.« Genau das war ja das Problem. Es fühlte sich eben nicht mehr wie ein Spiel an! Ich überlegte mir, was mir in einer solchen Situation jetzt helfen würde, und ich dachte dabei an eine einzige Sache. Hoffnung.*

*Warum auch immer, aber mir kam genau in diesem Moment ein Zitat aus dem Film »Die Verurteilten« in den Sinn. In diesem Zitat heißt es: »Hoffnung ist eine gute Sache, vielleicht sogar die Beste. Und gute Sachen können nicht sterben.« Das Einzige, was ich in der jetzigen Situation tun konnte, war, meinem Kameraden die Hoffnung zu geben, dass die Nacht bald vorüber sein würde. Die Hoffnung, dass der morgige Tag besser werden würde. Die Hoffnung, dass wir das alle hier gemeinsam durchstehen würden. Ob es nun meine Worte oder die der anderen waren, auf jeden Fall waren wir bei Sonnenaufgang alle noch zusammen und blieben es auch bis zum letzten Tag! Das war einer von vielen Momenten während dieser 72 Stunden, in denen uns bewusst wurde, dass nichts und niemand zu klein und unbedeutend ist, um mit einer banalen Sache etwas zu bewirken – und wenn es nur darum ging, jemand anderem Hoffnung zu geben.*

## Glück ist, wenn Menschen an Dich glauben

Wie bereits erwähnt, kamen viele meiner Mitmenschen in meiner Kindheit nicht wirklich mit meiner umtriebigen und überdrehten Art zurecht. Manche von ihnen ließen es mich direkt wissen, so wie beispielsweise eine Deutschlehrerin, die mir vor versammelter Klasse erklärte, dass ich einfach zu dumm sei. Oder das Zertifikat, mit dem mir schwarz auf weiß bescheinigt wurde, dass ich »schulunfähig« sei. Andere Menschen ließen mich lieber spüren, dass ich nicht dazugehörte. So musste ich erfahren, dass Nichtbeachtung oftmals noch mehr schmerzte als ein böses Wort.

Das waren wirklich keine schönen Erfahrungen, und sie machten mir so manchen Tag meiner Kindheit zur Hölle. Ich hätte niemals gedacht, dass ich dort draußen in der Welt irgendetwas bewegen könnte. Eigentlich Grund genug, all sein Selbstvertrauen und Selbstwertgefühl über Bord zu werfen und niemals in ein gelingendes Leben zu starten.

Doch es gab auch andere Menschen. Da war beispielsweise dieser Biologielehrer, dessen einfache Worte »Respekt, Florian, du hast echt was drauf« Balsam für meine geschundene Seele waren. Oder mein damaliger Handballtrainer. Offen gestanden war Loben nicht seine große Stärke, aber er hat mich spüren lassen, dass ich ok war, so wie ich war. Und genauso, wie es schmerzt, wenn Dich jemand verachtet, so ist es umgekehrt eines der besten Gefühle zu wissen, dass andere Menschen Dich so nehmen, wie Du bist.

Da ich selbst davon betroffen war, stellte ich mir natürlich auch irgendwann die Frage: Wer entscheidet eigentlich darüber, ob man auf die richtige oder falsche Bahn im Leben gerät? Wer entscheidet darüber, ob man seine Fähigkeiten und Stärken ausleben wird? Hat man das selbst in der Hand? Ist es genetisch vorgegeben, passiert es rein zufällig oder ist es einfach nur Glück? Der Antwort auf diese Frage kam ich im November 2017 sehr nahe – bei meinem ersten Coaching-Projekt mit dem SV ZUKUNFT. Ich stand vor dieser Klasse mit etwa 15 Schülerinnen und Schülern, und meine Kollegin leitete die Vorstellungsrunde ein. Als die Jugendlichen anfingen zu erzählen, kam es mir so vor, als erzählten manche Kinder meine Geschichte, und ich sah mich selbst dort sitzen. Den ganzen Tag über, auch als der Workshop schon längst zu Ende war, hatte ich nur einen einzigen Gedanken im Kopf: »Verdammt, was hattest du eigentlich für ein wahnsinniges Glück in deinem Leben!«

Ja, heute weiß ich, was für ein Glück ich hatte. Glück, Menschen in meinem Leben zu begegnen, die an mich glaubten. Hätten diese Kinder auch nur einen einzigen Menschen gehabt, der ihnen gezeigt hätte, was sie draufhaben, dann wäre vermutlich vieles anders gelaufen. Für mich ist es immer wieder aufs Neue unglaublich mitanzusehen, wie diese Jugendlichen es kaum begreifen können, wenn man ihnen sagt, dass sie gut sind, so wie sie sind, und dass sie etwas draufhaben. So ein Satz, so ein Gefühl entscheidet darüber, welchen Lebensweg man einschlägt!

Auch wenn ich mich lange Zeit sehr schwer damit tat, zu akzeptieren, dass auch ich in der Lage bin, etwas zu bewegen, so treiben mich heute genau diese Momente in den Schulen an, alles dafür zu geben, das Leben von anderen positiv zu beeinflussen. Vielleicht kommt irgendwann in fünf, zehn, zwanzig oder dreißig Jahren einer diese Schüler auf mich zu und erzählt mir, dass ich ihm dabei helfen konnte, in ein gelingendes Leben zu starten.

## Niemand ist zu klein oder unbedeutend

Ganz ehrlich, hin und wieder überkommen mich immer noch Momente, in denen ich sehr stark an mir selbst zweifle und auch daran, ob ich überhaupt etwas bewege. Einen solchen Tag erlebte ich erst vor ein paar Monaten wieder, an einem grauen, kalten Winternachmittag. Ich saß gerade zu Hause am Schreibtisch und arbeitete an einem neuen Projekt. Das war jetzt nicht unbedingt einer der Tage, an denen ich mich vor lauter Tatendrang nicht mehr halten konnte. Ganz im Gegenteil: Ich war etwas genervt und entmutigt, weil einige Dinge nicht so liefen, wie ich mir das vorgestellt hatte.

Doch sobald ich in diese Stimmung komme und anfange, an mir zu zweifeln, nehme ich mir ein paar Minuten Zeit, um auf Dinge zurückzublicken, die bisher sehr gut funktionierten. Das ist für mich zu meiner persönlichen Strategie geworden, meinem inneren Zweifler zu sagen: »Halt's Maul! Ich habe etwas drauf!« Während ich gerade dabei war, ein wenig zu stöbern, erreichte mich just in diesem Moment folgende Nachricht auf Facebook:

*»Lieber Florian, zunächst vielen Dank für Dein Buch. Für mich war und ist es die stärkste Motivation, die ich je erlebt habe. Bis heute habe ich 11 Ironman gefinished, darunter auch einen auf Hawaii. Danach kam die Frage: Was jetzt? Ich habe sie mir mit einer erfolgreichen Teilnahme beim Marathon des Sables (Anm.: Wüstenmarathon über mehrere Tage) beantwortet. 2016 wollte ich mich noch einmal für Hawaii qualifizieren und habe mich gründlich auf den Ironman in Klagenfurt vorbereitet. Ich habe ihn zwar gefinished, aber in einer eher schlechten Zeit. Somit war auch die Quali dahin. 2017 bin ich mit dem gleichen Ziel beim Ironman in Zürich an den Start gegangen. Auch hier lief es nicht gut und ich habe gelitten wie noch nie zuvor. Wieder kam ich über die Ziellinie und wieder ohne Hawaii-Quali. An diesem Punkt habe ich den Meineid geleistet <NIE MEHR!>. Nach einer längeren Pause musste ich feststellen, dass Triathlon nicht nur einen Teil meiner Identität ausmacht, sondern zu meiner zentralen Persönlichkeit geworden ist, in der ich die absoluten Höhen und Tiefen eines erfüllten Lebens immer wieder neu erlebe. Ich bin auf Dein Buch <STÄRKE> aufmerksam geworden und habe ab der ersten Seite einen Schub erlebt, der mir Flügel verliehen hat. Ich weiß, dass die Überzeugungskraft Deines Buches im Wesentlichen in der Tatsache begründet liegt, dass DU das bist. Ehrlich, überzeugend und authentisch. Man spürt, dass Du Deinen Lesern und Zuhörern Deiner Vorträge Gutes tun willst und nebenbei bemerkt, auch tust! Ich will und werde mich noch einmal für Hawaii qualifizieren!*

*In großer Dankbarkeit.*
*Lukas G.*

Wow, was für ein Feedback! Genau das Richtige in meiner momentanen Situation, dachte ich mir. Doch noch während ich mich über diese Zeilen freute, fiel mir auf, dass ich das PS in der Nachricht übersehen hatte. Dort stand, mehr oder weniger beiläufig: *»Vielleicht sollte ich noch eine Sache erwähnen: Ich bin 70.«*

Ich bekomme selbst jetzt beim Schreiben noch Gänsehaut. Wie kann es sein, dass jemand, der einen Großteil seines Lebens von den meisten Menschen immer nur eingetrichtert bekam, was nicht funktioniert, mit nur wenigen Zeilen das Leben eines fast dreimal so alten Menschen positiv beeinflussen konnte?

Ich will mich mit dieser Geschichte in keiner Weise profilieren, ganz im Gegenteil. Ich möchte sie mit Dir teilen, um Dir klar zu machen, dass jeder, absolut jeder (!), die Stärke besitzt, das Leben einer anderen Person und damit meistens auch sein eigenes positiv zu verändern. Es geht mir in meinen Vorträgen, Büchern oder Seminaren auch nicht um belanglose Motivationsphrasen oder ausgelutschte Ratschläge für ein glückliches Leben. Ich möchte Dich dabei unterstützen, das Beste aus Deinen persönlichen Fähigkeiten zu machen – ganz gleich, wie scheinbar klein und unbedeutend sie auch erscheinen mögen. Ich möchte die Welt zu einem besseren Ort machen, vor allem in Zeiten, in denen sich viele Menschen immer weiter voneinander entfernen.

»Aber darauf habe ich doch gar keinen großen Einfluss«, denkst Du Dir jetzt vielleicht. Auch hier möchte ich Dir ein kurzes Rechenbeispiel geben. Ich bin in Freising geboren, einer Kreisstadt mit gerade einmal gut 45.000 Einwohnern. Im Vergleich zu der gesamten Weltbevölkerung von circa 7,5 Milliarden Menschen also wirklich lächerlich wenig. Was wollen die paar Menschen da schon bewirken?

Statistisch gesehen, begegnen wir in unserem Leben circa 10.000 Menschen. Wenn jeder von uns das Leben von nur zehn Menschen verändert und die wiederum das von weiteren zehn Menschen, dann hätten die 45.000 Einwohner meiner Geburtsstadt innerhalb von nur fünf Generationen, also etwa 125 Jahren, das Leben von 4,5 Milliarden Menschen verändert. Wenn Du glaubst, dass es schwer ist, das Leben von zehn Menschen zu verändern, dann lies Dir die letzten Kapitel nochmal durch! Du musst kein Superheld sein. Du brauchst keinen Ironman zu finishen, und auch die physischen und psychischen Qualen einer Prüfung für eine Eliteeinheit sind keine Basisvoraussetzung, um wirklich etwas zu bewegen. Nichts ist zu klein und unbedeutend, als dass es nicht das Leben eines anderen verändern könnte. Das wirst Du spätestens dann feststellen, wenn Du die Nacht zusammen mit einer Mücke im Schlafzimmer verbringst.

# Wenn Du...

die Welt verändern
möchtest, dann zweifle
niemals an Deiner
Bedeutsamkeit.

# 17. Weitsicht – Schau auf den Horizont

*Mittlerweile war der letzte Tag angebrochen. Nachdem wir an den beiden Tagen zuvor zusammen kaum mehr als drei Stunden geschlafen, uns nur etwa 1500 bis 2000 Kalorien zugeführt und dabei über 15.000 Kalorien verbrannt hatten, kamen wir zur letzten Prüfung. Nach einem Orientierungslauf durch den Wald mussten wir an einem Aussichtsturm außen an einem Seil 38 Meter nach oben auf eine Aussichtsplattform klettern.*

*Zuerst ging es jedoch noch im Sprint die Treppen im Turm hinauf bis ganz nach oben und wieder herunter. Im Treppenhaus wartete zudem ein Rätsel auf uns, wobei wir selbst herausfinden mussten, um was für eine Art von Rätsel es sich dabei handelte. Auf dem Weg nach oben hingen insgesamt vier Zettel an den Wänden, auf denen auf farbigem Hintergrund eine Zahl abgedruckt war. Auf einem fünften Blatt war ein Zahlenschloss abgebildet, auf dem jede Stelle der Zahlenkombination mit einer separaten Farbe gekennzeichnet war. Im Laufschritt und mit gefühltem Maximalpuls verstand ich beim Hochlaufen noch nicht ganz, um welches Rätsel es sich handelte. Erst oben kam ich dann darauf, dass man sich die Zahlen mit der entsprechenden Farbe und die Farbkombination auf dem Zahlenschloss einprägen musste.*

*Die Zahlen waren relativ einfach zu merken. 5, 6, 2, 1. Bei den Farben wurde es schon etwas schwieriger, so dass ich mir nur zwei Zahlen mit der dazugehörigen Farbe merken konnte. Rot war die 5, und Blau war die 1. Von dem Moment, an dem ich erneut an der Farbkombination vorbeikam bis ganz nach unten sagte ich mir die Kombination in einer Tour laut vor. Rot, Gelb, Grün, Blau. Rot, Gelb, Grün, Blau. Rot, Gelb, Grün, Blau. Unten angekommen, hatten wir nun 30 Sekunden Zeit, um das Zahlenschloss an einer Truhe zu knacken. Der erste Versuch. Nichts passierte. Der zweite Versuch, nichts passierte. Der dritte Versuch, das Schloss blieb zu.*

*Auf einmal hörte ich die Stimme des Ausbilders: »Noch 3, 2, 1.« Klack! Im wirklich allerletzten Moment öffnete sich mein Schloss. In der Kiste fand ich* eine spezielle Kletterhilfe, die mir dabei helfen sollte, schneller und einfacher an dem Seil nach oben zu kommen. Im Wettkampf eins gegen eins sollte es nun fast 40 Meter in die Höhe gehen. Einem meiner Kameraden und mir wurde das Klettergeschirr angelegt, und ich bekam zusätzlich noch meine Kletterhilfe. Der andere hatte es leider nicht geschafft, die Box zu öffnen und musste somit in der klassischen Technik nach oben klettern.

Wieder brachten wir uns in Position. »Drei, zwei, eins! Los geht's!« In meinem ganzen Leben war ich noch nie wirklich geklettert. Trotz meiner Steighilfe kam ich nicht einen Zentimeter vom Boden weg. Nach mehreren erfolglosen Anläufen montierte ich das Hilfsgerät ab und versuchte es mit der klassischen Technik, der sogenannten Prusiktechnik. Dabei verwendet man zwei Steigschlingen, die abwechselnd am Seil nach oben geschoben werden. Wenn die Schlaufe am Knoten belastet ist, bleibt der Knoten fest, sobald die Schlaufe entlastet wird, lockert sich auch der Knoten. Auf diese Weise schiebt und zieht man sich Zentimeter für Zentimeter nach oben.

Das ging zwar besser als mit der anderen Technik, aber da ich absolut keine Erfahrung hatte, fehlte mir schlicht und ergreifend das Gefühl dafür, wie man den Knoten einfach und ohne viel Kraftaufwand verschieben kann. Als ich etwa fünf Meter über dem Boden schwebte, bemerkte ich, dass mein Kamerad schon mehr als die doppelte Strecke zurückgelegt hatte. Ich kam einfach nicht vorwärts, und meine Unterarme fühlten sich schon bald an wie Gummi. Nach etwa der Hälfte der Strecke musste ich feststellen, dass ich mit circa fünf Metern zurücklag. Tatsächlich kam mir für ein paar Sekunden der Gedanke in den Kopf: »Jetzt ist es gelaufen. Das holst du nicht mehr auf.« Doch bereits im nächsten Moment schrie mir eine innere Stimme zu: »Halt's Maul und mach weiter!«

Mühselig arbeitete ich mich Zentimeter für Zentimeter nach oben. Mittlerweile waren wir weit über den Baumkronen angekommen und konnten in weiter Ferne den Horizont sehen. Trotz des gewaltigen Adrenalinschubes aufgrund der Höhe spürte ich, dass meine Hände langsam schmerzten. Als ich einen kurzen Blick darauf warf, sah ich, dass meine Haut bereits bis aufs Fleisch wundgescheuert war. »Weiter geht's!« Nach einer gefühlten Ewigkeit – in Wirklichkeit waren es vermutlich so etwa zehn bis fünfzehn Minuten – kam mein Kamerad *oben auf der Plattform an, ich circa ein bis zwei Minuten später. Jetzt standen wir beide dort oben auf diesem Turm, vollkommen ausgepowert. Unser ganzer Körper war mit Schürfwunden, offenen Stellen und Blasen gezeichnet. Wir hatten es geschafft! Die Höllenwoche war zu Ende!*

*Doch irgendwie war es ein seltsames Gefühl. Ich wusste nicht wirklich, ob ich mich freuen sollte, dass es vorbei war, oder mich ärgern, dass ich das Rennen verloren hatte. Ich kam relativ schnell zu der Erkenntnis, dass es mich nicht ärgerte, als Zweiter dort oben angekommen zu sein. Aber dennoch war da ein Gefühl, das ich nicht beschreiben konnte. Ein Gefühl, das ich bereits von großen und wichtigen Triathlon-Wettkämpfen kannte, beispielsweise dem Rennen beim Ironman auf Hawaii. Auf der einen Seite ist da dieses unglaublich erleichternde Gefühl, es geschafft zu haben, auf der anderen Seite ist da dieses bedrückende Gefühl, dass man das Ziel erreicht hat und sich denkt: »Und jetzt?«*

*Ich richtete meinen Blick nach vorne, blickte Richtung Horizont, und einfach so musste ich schmunzeln. Denn nach all meinen bisherigen Erfahrungen, ob im Sport oder außerhalb davon, wusste ich: Hinter dem Horizont geht es immer weiter!*

## Was kommt nach dem Gipfel?

Schon Oscar Wilde sagte: »In dieser Welt gibt es nur zwei Tragödien. Die eine ist, nicht zu bekommen, was man möchte, und die andere ist, es zu bekommen.« Ratschläge, wie man seine Ziele erreicht, geben einem viele. Wie man auf den Gipfel hinaufkommt, hört man oft. Aber was man macht, wenn man auf dem Gipfel angekommen ist, was man macht, wenn man sein Ziel erreicht hat, das sagt einem keiner! Wie oft passiert es, dass man mit voller Energie seine Ziele verfolgt und dabei die Gesundheit auf der Strecke bleibt? Wie oft passiert es, dass man bis zum Umfallen für eine Sache kämpft und dabei die Menschen, die einem am wichtigsten sind, aus den Augen verliert? Und wie oft passiert es, dass man alleine losläuft, um schneller ans Ziel zu kommen, um dann im Ziel festzustellen, dass dort keiner mehr ist, mit dem man seinen Erfolg teilen kann? Wir balancieren auf einer einzigen Säule im Leben und empfinden das Wackeln als Special Effect. Irgendwann glauben wir dann, ein Licht am Ende des Tunnels zu sehen, um dann mit maximaler Brutalität feststellen zu müssen, dass es der Zug ist, der uns entgegenkommt. So wie viele heutzutage Erfolg betrachten, mich lange Zeit inklusive, macht er vor allem eines: einsam und kaputt.

Nichts gegen Ziele. Nichts gegen den Gipfel. Auf dem Gipfel zu stehen, ist geil! Denn nur von dort aus sieht man all die schönen Dinge, die man unten im Tal gar nicht sehen würde. Aber der Gipfel ist nicht das Ziel, sondern der Weg dorthin und die Menschen, denen man unterwegs begegnet. Und was machst Du, wenn Du auf dem Gipfel angekommen bist? Dann genießt Du den Ausblick, machst Dich auf den Weg nach unten und suchst Dir wieder einen neuen Gipfel. Dort wartet dann wieder ein Stück Deiner Persönlichkeit auf Dich und von dort aus hast Du wieder einen anderen Blick auf die Welt.

Vielleicht denkst Du Dir gerade: »Ja gut, aber so wird man ja niemals ankommen im Leben.« Richtig! Aber es geht auch nicht ums Ankommen. Alle wollen immer ankommen. Im Beruf ankommen. In der Partnerschaft ankommen. Im Leben ankommen. Wer Ankommen als das ultimative Ziel definiert, wird feststellen, dass es nichts Brutaleres gibt, als genau das auch zu erreichen, denn vom Gipfel aus geht es nur in eine Richtung weiter: runter! Das werden alle bestätigen können, die sich bei ihrer Hochzeit zu dem Satz hinreißen ließen: »Heute ist der schönste Tag meines Lebens!« Was soll denn da noch kommen? Kann ja nur noch schlimmer werden, oder?

Ob man von außen betrachtet gewinnt oder verliert – solange Du stehenbleibst, geht es hinter dem Horizont weiter. Denn im Leben geht es niemals darum, das Spiel zu gewinnen. Es geht darum, es zu meistern! Wenn es Dir gelingt, mit einer gewissen Portion Leichtigkeit von einem Gipfel zum anderen zu marschieren, dann ist es auch zweitrangig, wie lange diese Reise gehen wird. Mit einer lebensbejahenden Einstellung und den richtigen Menschen um Dich herum wird sich jeder Gipfel wie der Beste anfühlen. Hoffentlich sind es viele Gipfel und selbst wenn nicht: *So be it*! In jedem Fall ist das aus meiner Sicht besser, als sein ganzes Leben dafür aufzuwenden, sich mit den falschen oder gar keinen Leuten in einer miesen Stimmung und mit wenig Leidenschaft im Schneckentempo auf einen Berg hinauf zu quälen, nur um dann am Ende feststellen zu müssen, dass es der falsche Berg war und keine Zeit mehr bleibt, auf einen neuen zu klettern.

Ja, es lohnt sich, große Ziele zu verfolgen. Ja, es lohnt sich, die Mühen auf sich zu nehmen, um den Gipfel zu erklimmen. Aber wir sollten dabei viel öfter auch einfach mal den Moment genießen. Denn vielleicht sind gerade diese Momente die guten alten Zeiten, von denen alle immer schwärmen.

# Wenn Du...

am Ziel bist,
dann richte Deinen
Blick auf
den Horizont.

# Danksagung

Eigentlich kann es gar nicht sein, dass ich in die »richtige« Lebensspur gekommen bin. Eigentlich kann es gar nicht sein, dass ich je eine Schulausbildung, geschweige denn ein Studium abgeschlossen habe. Eigentlich kann es gar nicht sein, dass ich diese Höllentage tatsächlich durchgestanden habe. Und eigentlich kann es auch gar nicht sein, dass ich jetzt gerade dasitze und die Danksagung für mein zweites Buch schreibe. Eigentlich kann so vieles im Leben gar nicht sein, wenn, ja wenn da nicht bestimmte Menschen wären, die das »eigentlich« überflüssig machen. Menschen, die einem den Mut geben, endlich anzufangen und niemals aufzugeben!

Tatsächlich wäre es nicht nur moralisch falsch, sondern schlicht und ergreifend gelogen, zu behaupten, ich würde ohne zu zweifeln alle Dinge, die ich mir vornehme, sofort in Angriff nehmen und sie ohne mit der Wimper zu zucken bis zum Ende durchziehen. Ganz im Gegenteil! Erst die Gewissheit, dass ich Menschen um mich herum habe, die mich jederzeit unterstützen, gibt mir die Kraft und Energie, zum Gestalter meines Lebens zu werden. Die Tatsache, dass ich das Glück hatte, solche Menschen immer an meiner Seite zu haben, erfüllt mich mit großer Demut und Dankbarkeit. Auch wenn ich die wirkliche Tiefe dieser Wertschätzung hier nicht einmal im Ansatz zum Ausdruck bringen kann, so werde ich die folgenden Zeilen dennoch einigen ganz besonderen Personen widmen.

Vermutlich würdest Du dieses Buch selbst in fünf Jahren noch nicht in den Händen halten, wenn mir nicht Dorothee Köhler zu jeder Tages- und Nachtzeit nicht nur mit ihrem Wissen rund um das Thema Buchveröffentlichung, sondern auch noch mit aufmunternden Worten zur Seite gestanden hätte. Liebe Dorothee, danke für Deine Engelsgeduld und Deine Menschlichkeit! Du bist großartig!

»Ein Freund ist jemand, der Dich mag, obwohl er Dich kennt.« Ein großer Dank geht an die Menschen, die es seit längerer Zeit freiwillig an meiner

Seite aushalten. Ihr habt Euch mit mir für den harten und ungewöhnlichen Weg entschieden, und somit auch für den lebendigen und ehrlichen. Ich bin froh, dass ich meine Emotionen, Visionen und Spinnereien mit Euch teilen darf. Ein ganz besonderer Dank geht dabei an meinen besten Freund Peter. Du hast mir gezeigt, was Freundschaft wirklich bedeutet.

Last but definitely not least geht mein größter Dank an ganz besondere Menschen – meine Familie. Mein Vater und mein Bruder: Ihr habt Eure eigenen Interessen nur zu oft hintenangestellt, nur damit ich in die »richtige« Spur komme. Mein Onkel: Ich bin stolz und dankbar, Dich immer an meiner Seite zu haben. Meine Oma: Du hast trotz aller Widrigkeiten immer das Gute in mir gesehen. Mein Opa, der leider bereits 2001 verstorben ist: Du inspirierst mich noch heute, niemals, aber wirklich niemals aufzugeben. Done: Für Dich ist dieses Jahr Deine Reise auf dieser Welt leider viel zu früh zu Ende gegangen. Es schmerzt, dass Du nicht mehr da bist, aber ich bin ich nicht wütend, dass es vorbei ist, ich bin dankbar, dass es gewesen ist! Und wie so oft im Leben kommt nun das Beste am Schluss. Mama: Du bist meine Seelenverwandte. Du hast mir nicht nur gezeigt, was es bedeutet, immer und immer wieder aufzustehen, sondern vor allem auch, was es bedeutet, zu kämpfen. Kämpfen für Dinge, die einem wichtig sind! Kämpfen gegen Ungerechtigkeit! Kämpfen dafür, anderen Menschen die Last des Lebens zu erleichtern! Kämpfen dafür, die Welt zu einem besseren Ort zu machen! Ohne Deinen unerschütterlichen Glauben in mich wäre ich heute nicht der, der ich bin. Vermutlich wäre ich überhaupt nicht mehr.

Alleine wegen all der Mühen, Leiden und Schmerzen, die Ihr wegen mir auf Euch genommen habt, ist es meine Pflicht, das Beste aus meinem Leben zu machen. Es ist viel zu wertvoll, als es einfach verstreichen zu lassen. Ihr seid viel zu wertvoll!

Danke!

# Die Schritte zu Deiner Persönlichkeit

Mich selbst und meine Persönlichkeit stetig weiterzuentwickeln, fordert mich. Anderen Menschen Möglichkeiten aufzuzeigen, das Beste aus ihren Fähigkeiten zu machen, erfüllt mich. Wenn Du mehr über mich und meine Methoden erfahren möchtest, dann hast Du folgende Möglichkeiten:

- Erlebe Florian Wildgruber live – auf diversen Veranstaltungen oder in seinen Seminaren. Lass Dich mitreißen und begeistern und erlebe Momente, die Du nie wieder vergisst. Termine unter www.florian-wildgruber.com

- Hole Florian Wildgruber in die Schulen. Auf unterhaltsame und nachhaltige Art und Weise bringt er Schülerinnen und Schülern das Thema Persönlichkeitsentwicklung näher. Fordere einfach ganz unverbindlich Infos an unter: info@florianwildgruber.com

- Hole Florian Wildgruber in die Hochschulen und Universitäten. Mit außergewöhnlichen Methoden und Techniken schafft er es, jungen Menschen auf ihrem ganz persönlichen Weg Orientierung zu geben. »Wer bin ich? Was sind meine Stärken? Wie kann ich diese richtig einsetzen?« Diese Fragen stehen dabei im Vordergrund. Fordere einfach ganz unverbindlich Infos an unter: info@florianwildgruber.com

*»Die Bücher und Vorträge von Florian Wildgruber sind ein Plädoyer für ein mutiges und lebendiges Leben jenseits der Komfortzone.«* (Bianca L.)

*»Florian ist ein junger Autor und Redner, der nicht oberlehrerhaft irgendwelche klugen Weisheiten von sich gibt, sondern vielmehr frische und ehrliche Anstöße für den Alltag liefert.«* (Lisa M.)

*»Ein toller Vortrag und eine inspirierende Persönlichkeit. Für mich die wertvollsten zwei Stunden seit Langem.«* (Tobias P.)

# Mehr Motivation und Sinn in Zeiten der Digitalisierung

Du bist Führungskraft, Geschäftsführer, Unternehmer und auf der Suche nach inspirierenden Vorträgen, die Spuren statt Staub hinterlassen? Reden, die die Zuhörer wachrütteln und den Namen Impulsvortrag auch wirklich verdienen? Speeches, die den Stein der Veränderung ins Rollen bringen? Ansprachen, die tiefen Sinn stiften, statt mit Motivationsfloskeln zu langweilen? Wenn ja, dann sind die Vorträge von Florian Wildgruber genau das richtige für Dich und Dein Unternehmen.

**Die Vorträge**

Thema: Motivation
STÄRKE – Potenzialentwicklung in Zeiten der Digitalisierung

Thema: Verkauf
FINISHLINE – Mit den Geheimnissen des Ironman zum Vertriebserfolg

Thema: Führung
MOMENT OF EXCELLENCE – Mitarbeiterführung im neuen Jahrtausend

Detaillierte Informationen zu den Vorträgen findest Du unter
www.florianwildgruber.com

## Das sagen andere

*»Florian Wildgruber ist ein Speaker der neuen Generation und zaubert jedem noch so skeptischen Zuhörer ein Leuchten in die Augen.«* (Dr. Thomas Schüle, Oracle Insight & Cloud Strategy)

*»Sympathisch, glaubwürdig, unterhaltsam. Ein Vortrag, der Spuren hinterlassen hat.«* (Andreas Schmidt, Geschäftsführer Steuerberaterverband Hessen)

*»Anstatt Motivationsformeln gibt es bei Florian Wildgruber Einblicke in sein Leben, die Ansporn und Hilfestellung für andere sind.«* (Frank Lamsfuss, Vorstand Barmenia Versicherungen)

*»Florian Wildgruber ist ein faszinierender und motivierender Redner, der inspiriert und dem man gerne zuhört.«* (Tobias Eschenbacher, Oberbürgermeister Stadt Freising)


## Don't bore me. Touch me!

Lachen, weinen, nachdenken – das alles ist in meinen Vorträgen erlaubt. Nur Langeweile ist strengstens verboten! Dabei ist es mein oberstes Ziel, mit wertvollen Impulsen zum Handeln, Anpacken und Durchhalten zu inspirieren, statt mit 0815-Ratschlägen im altbekannten Fahrwasser zu bleiben.

Ich garantiere Dir, dass Du (mehr als) zufrieden sein wirst.
Jederzeit für Dich da!

Dein Florian Wildgruber

Fordere noch heute Dein kostenloses und unverbindliches Infopaket zu den Vorträgen an und überzeuge Dich selbst.

**Dein direkter Kontakt zu Florian Wildgruber:**
**Susanne Seidl**
Management für Vorträge – Leitende Assistenz der Geschäftsführung
+49 8441 795081
s.seidl@florianwildgruber.com

Wir schreiben das 21. Jahrhundert. Die Welt steht uns offen. Wir haben alle Möglichkeiten. Wir können alles auf Knopfdruck haben, sofort und perfekt an die eigenen Wünsche angepasst – das Päckchen von Amazon, die Serie auf Netflix und selbst der passende Partner sind nur einen Wisch entfernt. Wir haben gelernt, den Gipfel zu bewundern, ohne dabei den Berg zu besteigen. Doch auch in diesen Zeiten gibt es etwas, für das wir den Weg erst gehen müssen – echte, tiefe Beziehungen zu anderen und eine starke Persönlichkeit.

Florian Wildgruber zeigt Dir mit seinem Buch, wie Du Deine persönlichen Stärken erkennst und richtig einsetzt und das Beste aus Dir herausholst – ganz egal, wie Deine Ausgangsvoraussetzungen auch sind. Mit einer einzigartigen Mischung aus bewegenden Geschichten und wissenschaftlichen Belegen bringt Dich dieses Buch zum Lachen, Weinen und Nachdenken. Es hilft Dir dabei, Dich auf Deinen ganz persönlichen Weg zu machen und endlich der zu werden, der Du schon immer sein wolltest.

**Jetzt mit persönlicher Widmung bestellen unter:**
www.florianwildgruber.com

# Inspirierte Autoren.

# Fesselnde Bücher.

# Einzigartige Geschichten.

Suzanne Grieger-Langer

## Cool im Kreuzfeuer

Schlammschlachten, Cybermobbing und
Rufmordkampagnen erfolgreich überstehen

ISBN 9783945112564
19,90 €
www.profilersuzanne.com

Leo Martin

## Ich krieg dich!

Menschen für sich gewinnen – Ein
Ex-Agent verrät die besten Strategien

ISBN 9783453604902
10,99 €
www.leo-martin.de

Daniela A. Ben Said

## Das Wüstenseminar

Persönlichkeitsentwicklung in der Wüste

ISBN 9783938826836
20,00 €
www.danielabensaid.com

Sabine Hübner

## Serviceglück

Mit magischen Momenten
mitten ins Kundenherz

ISBN 9783593507101
34,95 €
www.sabinehuebner.de

Christoph Wirl

## Bullshit Busters

21 Irrtümer und Mythen aus
Vorträgen, TV und Büchern

ISBN: 9783990600351
22,00 €
www.magazintraining.com/bullshitbusters

Klaus Jürgen Deuser

## 30 Minuten

Sympathisch und souverän:
So geht Vortragen!

ISBN 9783869367712
8,90 €
www.kj-deuser.de

Thorsten Otto

## Die richtigen Worte finden

Ein Radiomoderator erklärt,
wie Sie mit jedem jederzeit gute
Gespräche führen können

ISBN 9783868826555
16,99 €
www.thorsten-otto.com

Martin Limbeck

## Limbeck. Verkaufen.

Das Standardwerk für den Vertrieb

ISBN 9783869368634
59,00 €
www.limbeck-verkaufen.de

Roman Kmenta

## Nicht um jeden Preis

Mehr Gewinn, mehr Wert,
mehr Freude im Business

ISBN 9783903090880
24,90 €
www.romankmenta.com

# Über den Autor

Florian Wildgruber – Bachelor Fitness-Ökonomie, Master Sport-Psychologie und Coaching, Deutscher Meister und Europa-Meister im Triathlon, Ironman-Hawaii-Finisher, dreimal Sportler des Jahres, Gewinner und Juror von Speaker Slams, Buchautor, Hochschul-Lehrbeauftragter: Nein, Florian ist nicht Mitte 50 – sondern gerade einmal 27. Ein solcher Werdegang erfordert perfekte Ausgangsbedingungen und eine Menge Talent. Oder vielleicht doch nicht? Die Realität bei Florians Start ins Leben lautete: halbseitige Lähmung, Hüftdysplasie, Schulunfähigkeit. Alles andere als  ideale Ausgangsbedingungen also. In Kindergarten und Schule erlebte Florian schon früh, dass die klassischen Lern- und Fördermethoden sich nicht dafür eigneten, dass er seine persönlichen Stärken nutzen konnte. Also hat er sich auf den nicht immer leichten Weg gemacht herauszufinden, wie er es schaffen kann, sein persönliches Potenzial zu erkennen und einzusetzen.

Als Buchautor und Speaker gibt er seine Erfahrungen in Vorträgen, Seminaren und Coachings weiter und unterstützt seine Leser und Zuhörer dabei, sich auf die Suche nach ihren eigenen Stärken und ihrem Potenzial zu machen. Dabei leitet ihn die Überzeugung: Jeder Mensch kann mehr, als er selbst glaubt. Florian Wildgruber schafft es, mit einem Mix aus mitreißendem persönlichem Stil, Leichtigkeit, zündenden Geschichten und fundiertem psychologischem Wissen anderen Menschen Orientierung zu geben. Dabei greift er immer wieder gesellschaftliche Megatrends und wirtschaftliche Zusammenhänge auf – und gibt so auch den Menschen in Organisationen und Unternehmen wirksame Strategien an die Hand, wie sie den veränderten Realitäten in der Arbeitswelt und im Privatleben begegnen.

# Ein Geschenk für Dich

An dieser Stelle möchte ich mich auch ganz herzlich bei Dir, liebe Leserin, lieber Leser, bedanken, dass Du Dich für mein Buch entschieden und mir somit Dein Vertrauen geschenkt hast. Du machst mich zum zufriedensten Menschen, wenn Du aus meinen Texten ein paar Impulse für Dich mitnehmen konntest. Falls Dir das Buch gefallen hat, wäre es mir eine große Ehre, wenn Du mir auf Amazon eine kurze Rezension hinterlässt. Als kleines Dankeschön für Deine Bewertung und Deine Zeit erhältst Du von mir eine Schritt-für-Schritt-Anleitung für Deine ganz persönlichen Ziele im Wert von 19,90 € kostenlos als PDF. Schreibe dazu einfach eine kurze Mail an info@ florianwildgruber.com mit dem Link zu Deiner Rezension.

Stay strong and smile ☺

Dein Florian Wildgruber

# Dein Exklusiv-Bonus

**Bestelle Dein/e Exemplar/e, sende uns ein Foto Deiner Rechnung und sichere Dir folgende Boni:**

Bestelle **1 Exemplar** und erhalte:
PDF zum Bestseller „STÄRKE" + STOPP-MIMIMI-Taschentücher
*Preis: 9,90 € (Gesamtwert: 33,00 €)*

Bestelle **3 Exemplare** und erhalte:
PDF zum Bestseller „STÄRKE" + STOPP-MIMIMI-Anti-Stressbälle
*Preis: 29,70 € (Gesamtwert: 54,00 €)*

Bestelle **10 Exemplare** und erhalte:
PDF zum Bestseller „STÄRKE" + 30 min Live Q&A oder Coaching-Call mit Florian Wildgruber
*Preis: 99,00 € (Gesamtwert: 299 €)*

Bestelle **400 Exemplare** und erhalte:
Live-Vortrag von Florian Wildgruber (Deutschlandweit)
*Preis: 3.960,00 € (Gesamtwert: 4.950,00 €)*

Weitere Infos zum Buch und zur Bonusaktion findest Du auf

# www.stoppmimimi.de